帝洛巴尊者是「恆河大手印」宣講者，也是大手印黃金珠鬘近傳承金剛總持之下第一人。圖片提供／大寶法王官網

直貢澈贊法王，攝於佛陀宣說《金剛經》的聖地印度祇樹給孤獨園。攝影／殷裕翔

赤裸直觀當下心

——《恆河大手印：大手印二十八金剛頌》釋論

釋論：第37任直貢澈贊法王

目次

菩曼仁波切序

直趨大樂的法鑰

一切加持根源於上師！
一切成就根源於上師！
一切功德根源於上師！

2014 年，尊貴的　直貢法王，大手印成就者，我的根本上師，在殊勝的因緣中應允了吾人之祈求，於 2014、2015 年跨年之際，前來台灣弘法。此次弘法行程中，法王給予了大手印灌頂，並用兩天時間為大眾親自傳授了《恆河大手印：大手印二十八金剛頌》口訣與講解。這便是本書結集的緣起。

《恆河大手印：大手印二十八金剛頌》是直截了義的教法，既是修行悟道的最高境界，也是修行悟道的法門，是為眾生開啟解脫生死，直趨大樂的法鑰。不僅是佛教，也是全人類的智慧珍寶。

佛法是最高深而又極簡易，至古老而又現代的。現代人往往執迷於自我，反而因此失去自我，執著於幻境，身心反而不得安頓。簡單以兩個字來說，就是「無明」。而「明」之大者，莫過於佛法，自佛陀以來歷代祖師代代相傳，燈燈相續。

本書之結集，恰為法王台灣弘法之行做了完美的句點與開端，令人不勝欣喜。深願芸芸眾生，由此趣入離苦得樂的門徑，直至證悟無上菩提。

三寶總體觀音之化身，應化傳持佛陀法教者，悲眼洞見實義圓滿尊，祈請事業任運住百劫。

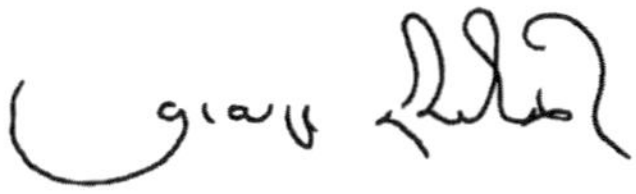

菩曼仁波切
2015 年 12 月

緣起與感謝

願自心本性的花，圓滿綻放

一千多年前，印度恆河畔，發生了大事。

噶舉大手印黃金珠鬘傳承近傳承，金剛總持下第一人帝洛巴大師，那時還是一位從事勞動工作的狂野型上師，來自那瀾陀佛學院的大學者那洛巴大師跟著他學大手印，經過上師加持的十二小苦行、十二大苦行，心地已經很調柔成熟了，時候到了，帝洛巴大師就對他唱了《大手印二十八金剛頌》，這就是後世知名的《恆河大手印》。

後來的故事結局，大家都知道了，帝洛巴一拖鞋打下去，那洛巴昏了過去，醒來妄念全消，上師所有的證悟與加持，都印到他心上——他開悟了。這就是後世傳頌不已的「心要大手印」開悟故事。

於是，千年來，《恆河大手印》成為大手印修持者必學的經典，裡面有著傳承不可思議的加持和智慧，非常生猛有力的從帝洛巴大師心中傳來，我們的心打開，加持就流進來。但年代久了，印藏二地口耳相傳的結果，版本甚多，多到有十二種左右的不同版本。本書直貢法王開示所採用的根本頌，是目前流通較廣的一種。

本書直接的緣起，是 2015 年元月，直貢澈贊法王因菩曼仁波切暨中心弟子請法，而在台灣講授「恆河大手印」課程。而同年 4 月，眾生文化在噶千禪修園區觀見法王，請求出版法王開示，得到法王慈悲允許。

這本書圓滿出版，要感謝很多人、很多因緣，首先要感謝法王慈允出版，也要感謝請法並主辦直貢法王「恆河大手印」課程的菩曼仁波切暨「菩曼中心」提供開示聲音檔，擔任現場藏譯中的資深譯師張福成老師，重新校對口譯聽打稿，還有為本書出版連結起善妙因緣的噶千佛學會許華玲師姊，這些善妙因緣，讓這部心要大手印經典之作的釋論，得以圓滿出版。

當然，還要感謝協助此書完成聽打的義工們，包括徐姮巧、臧珞琳、黃志成，與協助謄打藏文根本頌的張齊，因為他們的協助，讓講授內容可以很完整的在最短時間裡彙集成書。

祈願此書的出版，能讓珍貴的大手印教法甘露，流入更多有緣修行人心中，讓自心本性的花朵綻放。祈願法王的利他事業因本書而更加弘廣，祈願大手印修行人因「恆河大手印」的智慧與加持，而生起真實了悟！

眾生文化編輯部 合十

2015 年 12 月

根本頌《恆河大手印》

大手印二十八金剛頌

ཕྱག་ཆེན་གང་གཱ་མ། ཕྱག་ཆེན་རྡོ་རྗེ་ཚིག་རྐང་ཉི་ཤུ་རྩ་བརྒྱད།

《恆河大手印》

大手印二十八金剛頌

帝洛巴大師 著 · 那洛巴大師 口述 · 馬爾巴大師 梵譯藏 · 張福成 藏譯中

༄༅། །རྒྱ་གར་སྐད་དུ། མ་ཧཱ་མུ་དྲ་ཨུ་པ་དེ་ཤ།
བོད་སྐད་དུ། ཕྱག་རྒྱ་ཆེན་པོའི་མན་ངག།

印度語：瑪哈木札烏巴喋夏
藏語：洽嘉千波以冕阿
華語：大手印口訣

དཔལ་རྡོ་རྗེ་མཁའ་འགྲོ་ལ་ཕྱག་འཚལ་ལོ། །

頂禮吉祥金剛空行

༡ ཕྱག་རྒྱ་ཆེན་པོ་བསྟན་དུ་མེད་ཀྱིས་ཀྱང་། །དཀའ་བ་སྤྱོད་ཅིང་བླ་མ་ལ་གུས་པས། །
སྡུག་བསྔལ་བཟོད་ལྡན་བློ་ལྡན་ནཱ་རོ་པ། །སྐལ་ལྡན་ཁྱོད་ཀྱིས་བློ་ལ་འདི་ལྟར་གྱིས། །

1. [勸諭諦聽] ❶

大手印法雖然無所示，因行苦行且於師恭敬，

注❶：[ ] 符號內小標為編者為方便讀者讀頌憶持所加。

能忍艱苦具慧那洛巴，如是傾注有緣爾之心：

༢ དཔེར་ན་ནམ་མཁའ་གང་གིས་གང་ལ་བརྟེན། །དེ་བཞིན་ཕྱག་རྒྱ་ཆེ་ལ་བརྟེན་ཡུལ་མེད། །
མ་བཅོས་གཉུག་མའི་ངང་དུ་གློད་ལ་ཞོག །བཅིངས་པ་གློད་ན་གྲོལ་བར་ཐེ་ཚོམ་མེད། །

2. [如空無所依]

猶如虛空何有相依者，同理大手印中無依境，
安住無整本然鬆坦中，若鬆束縛解脫決無疑。

༣ དཔེར་ན་ནམ་མཁའི་དཀྱིལ་བལྟས་མཐོང་བ་འགག་པར་འགྱུར། །
དེ་བཞིན་སེམས་ཀྱིས་སེམས་ལ་བལྟས་བྱས་ན། །
རྣམ་རྟོག་ཚོགས་འགག་བླ་མེད་བྱང་ཆུབ་ཐོབ། །

3. [如空無所見]

如看虛空中實無所見，
同理若能以心看自心，妄念悉滅證無上菩提。

༤ དཔེར་ན་ཁུག་རྣ་སྤྲིན་རྣམས་ནམ་མཁའི་ཁམས་སུ་དེངས། །
གར་ཡང་སོང་བ་མེད་ཅིང་གར་ཡང་གནས་པ་མེད། །
དེ་བཞིན་སེམས་ལས་བྱུང་བའི་རྟོག་ཚོགས་ཀྱང་། །
རང་སེམས་མཐོང་བས་རྟོག་པའི་རྦ་རླབས་དྭངས། །

4. [如空無去住]

如虛空界雲散晨靄消，無有去處亦無有住處；
同理由心所生諸念頭，見自心故念頭大浪消。

༥ དཔེར་ན་ནམ་མཁའི་རང་བཞིན་ཁ་དོག་དབྱིབས་ལས་འདས། །
དཀར་ནག་དག་གིས་གོས་ཤིང་འགྱུར་བ་མེད། །
དེ་བཞིན་རང་སེམས་སྙིང་པོ་ཁ་དོག་དབྱིབས་ལས་འདས། །
དགེ་སྡིག་དཀར་ནག་ཆོས་ཀྱིས་གོས་མི་འགྱུར། །

5. [如空離形色]

猶如虛空自性超越色與形，不為白黑等色沾染而轉變；
同理自心精華超越色與形，不為善惡黑白諸法所沾染。

༦ དཔེར་ན་གསལ་དྭངས་ཉི་མའི་སྙིང་པོ་དེ། །བསྐལ་པ་སྟོང་གི་མུན་པས་སྒྲིབ་མི་ནུས། །
དེ་བཞིན་རང་སེམས་སྙིང་པོ་འོད་གསལ་དེ། །བསྐལ་པའི་འཁོར་བས་བསྒྲིབ་པར་མི་ནུས་སོ། །

6. [如日光明]

猶如燦明日光彼精華，千劫黑暗不能為蓋障；
同理自心精華彼光明，歷劫輪迴不能為障矣。

༧ དཔེར་ན་ནམ་མཁའ་སྟོང་པར་ཐ་སྙད་རབ་བཏགས་ཀྱང་། །
ནམ་མཁའ་ལ་ནི་འདི་འདྲར་བརྗོད་དུ་མེད། །
དེ་བཞིན་རང་སེམས་འོད་གསལ་བརྗོད་གྱུར་ཀྱང་། །
འདི་འདྲར་གྲུབ་ཅེས་ཐ་སྙད་གདགས་གཞི་མེད། །

7. [如空假名]

如以空名加於虛空上，實無如是言詮於虛空；
同理雖詮自心為光明，如是名相實無安立基。

༨ དེ་ལྟར་སེམས་ཀྱི་རང་བཞིན་གདོད་ནས་ནམ་མཁའ་འདྲ། །
ཆོས་རྣམས་མ་ལུས་དེ་རུ་མ་འདུས་མེད། །
ལུས་ཀྱི་བྱ་བ་ཡོངས་ཐོངས་རྣལ་འབྱོར་དལ་བར་སྡོད། །
ངག་གི་སྨྲ་བརྗོད་མེད་དེ་གྲགས་སྟོང་བྲག་ཆ་འདྲ། །
ཡིད་ལ་ཅི་ཡང་མི་བསམ་ལ་བཟླའི་ཆོས་ལ་ལྟོས། །

8. [身語意]

如前心之自性本來如虛空，無餘諸法無不盡攝於其中。
身之作為皆捨安閒住瑜伽，語之言詮皆無聲空如回音，
意無任何思維直觀決定法。

༩ ལུས་ལ་སྙིང་པོ་མེད་དེ་སྨྱུག་མའི་སྦོང་པོ་འདྲ། །
སེམས་ནི་ནམ་མཁའི་དཀྱིལ་ལྟར་བསམ་པའི་ཡུལ་ལས་འདས། །
དེ་ཡི་ངང་ལ་བཏང་བཞག་མེད་པར་གློད་ལ་ཞོག །
སེམས་ལ་གཏད་སོ་མེད་ན་ཕྱག་རྒྱ་ཆེན་པོ་ཡིན། །
དེ་ལ་གོམས་ཤིང་འདྲིས་ན་བླ་མེད་བྱང་ཆུབ་འཐོབ། །

9. [身心皆空]

此身無有精華猶如竹節般。
心如虛空中際超越思維境，於彼原處無捨無立鬆坦住。
此心若無所寄即是大手印，於彼熟復熟習得無上菩提。

༡༠ སྔགས་སུ་སྨྲ་དང་ཕ་རོལ་ཕྱིན་པ་སྨྲ། །འདུལ་བ་མདོ་སྡེ་སྡེ་སྣོད་སྣ་ཚོགས་ཀྱི། །
རང་རང་གཞུང་དང་གྲུབ་པའི་མཐའ་ཡིས་ནི། །

འོད་གསལ་ཕྱག་རྒྱ་ཆེན་པོ་མཐོང་མི་འགྱུར། །

10. [宗派見]

密乘所說般若乘所說，律典經部三藏諸經典，
若以各自典籍及宗義，不能親見光明大手印。

༡༡ ཞེ་འདོད་འབྱུང་བས་འོད་གསལ་མ་མཐོང་བསྒྲིབས། །
རྟོག་པའི་བསྲུང་སྡོམ་དམ་ཚིག་དོན་ལ་ཉམས། །
རང་བྱུང་རང་ཞི་ཆུ་ཡི་པ་ཏྲ་འདྲ། །མི་གནས་མི་དམིགས་དོན་ལས་མི་འདའ་ན། །
དམ་ཚིག་མི་འདའ་མུན་པའི་སྒྲོན་མེ་ཡིན། །

11. [誓言]

生貪求故障礙見光明，妄念護戒反損誓言義，
自生自息宛如水波紋，無住無取若不離此義，
不違誓言即是暗中燈。

༡༢ ཞེ་འདོད་ཀུན་བྲལ་མཐའ་ལ་མི་གནས་ན། །
སྡེ་སྣོད་ཆོས་རྣམས་མ་ལུས་མཐོང་བར་འགྱུར། །
དོན་འདིར་གཞོལ་ན་འཁོར་བའི་བཙོན་ལས་ཐར། །
དོན་འདིར་མཉམ་བཞག་སྡིག་སྒྲིབ་ཐམས་ཅད་བསྲེག །
བསྟན་པའི་སྒྲོན་མེ་ཞེས་སུ་བཤད་པ་ཡིན། །

12. [捨貪離邊]

離諸貪求不住邊際時，典籍諸法無餘皆得見。

專注此義解脫輪迴獄，等置此義盡焚諸罪障，
說此即是聖教之明燈。

༡༣ དོན་འདིར་མི་མོས་སྐྱེ་བོ་བླུན་པོ་རྣམས། །འཁོར་བའི་ཆུ་བོས་རྟག་ཏུ་འཁྱེར་བར་ཟད། །
སྡུག་བསྔལ་མི་བཟད་བླུན་པོ་སྙིང་རེ་རྗེ། །

13.［悲哉愚夫］

不解此義凡夫愚者眾，唯是常溺輪迴大河中，
痛苦凶殘愚夫實可悲！

༡༤ སྡུག་བསྔལ་མི་བཟད་ཐར་འདོད་བླ་མ་མཁས་ལ་བསྟེན།།
བྱིན་རླབས་སྙིང་ལ་ཞུགས་ན་རང་སེམས་གྲོལ་བར་འགྱུར།།

14.［加持入心］

欲離猛苦需依善巧師，加持入心自心即解脫。

༡༥ ཀྱེ་ཧོ། འཁོར་བའི་ཆོས་འདི་དོན་མེད་སྡུག་བསྔལ་རྒྱུ། །
བྱས་པའི་ཆོས་ལ་སྙིང་པོ་མེད་པས་དོན་ལྡན་སྙིང་པོ་ལྟོས། །
གཟུང་འཛིན་ཀུན་ལས་འདས་ན་ལྟ་བའི་རྒྱལ་པོ་ཡིན། །
ཡེངས་པ་མེད་ན་བསྒོམ་པའི་རྒྱལ་པོ་ཡིན། །
བྱ་རྩོལ་མེད་ན་སྤྱོད་པའི་རྒྱལ་པོ་ཡིན། །རེ་དོགས་མེད་ན་འབྲས་བུ་མངོན་དུ་འགྱུར། །

15.［見修行果］

嗟乎輪迴世法無義痛苦因，世法無精華故看有義精華：
若離一切能所即是見地王，若無散亂放逸即是觀修王，

若能無有勤力即是行持王，若能無期無疑果位即現前。

༡༦ དམིགས་པའི་ཡུལ་འདས་སེམས་ཀྱི་རང་བཞིན་གསལ། །
བགྲོད་པའི་ལམ་མེད་སངས་རྒྱས་ལམ་སྣ་ཟིན། །
བསྒོམ་པའི་ཡུལ་མེད་གོམས་ན་བླ་མེད་བྱང་ཆུབ་འཐོབ། །

16. [熟習無修境]

離所緣境心之自性明，無晉升道而登佛道端，
熟習無修境得無上覺。

༡༧ ཀྱེ་མ་འཇིག་རྟེན་ཆོས་ལ་ལེགས་རྟོགས་དང་། །རྟག་མི་ཐུབ་སྟེ་རྨི་ལམ་སྒྱུ་མ་འདྲ། །
རྨི་ལམ་སྒྱུ་མ་དོན་ལ་ཡོད་མ་ཡིན། །དེས་ན་སྐྱོ་བ་བསྐྱེད་ལ་འཇིག་རྟེན་བྱ་བ་ཐོང་། །

17. [世法無常]

嗟乎善能明瞭世間法，不能恆常如夢亦如幻，
夢境幻相實際即非有，故生憂心棄捨世俗事。

༡༨ འཁོར་ཡུལ་ཆགས་སྡང་འབྲེལ་བ་ཀུན་གཅོད་ལ། །
གཅིག་པུར་ནགས་འདབས་རི་ཁྲོད་དགོན་པར་བསྒོམ། །

18. [山林獨修]

斷盡輪迴貪嗔相關事，獨自寺院林中精舍修。

༡༩ བསྒོམ་དུ་མེད་པའི་ངང་ལ་གནས་པར་གྱིས། །ཐོབ་མེད་ཐོབ་ན་ཕྱག་རྒྱ་ཆེན་པོ་ཐོབ། །

19. [安住無修]

盼請住於無所觀修中，若得無得即得大手印。

༢༠ དཔེར་ན་ལྗོན་ཤིང་སྡོང་པོ་ཡལ་ག་ལོ་འདབ་རྒྱས། །
རྩ་བ་གཅིག་བཅད་ཡལ་ག་ཁྲི་འབུམ་སྐམ། །
དེ་བཞིན་སེམས་ཀྱི་རྩ་བ་བཅད་ན་འཁོར་བའི་ལོ་འདབ་སྐམ། །

20. [根斷葉萎]

猶如大樹幹碩枝繁葉豐茂，斬一樹根則令十萬樹枝萎，
同理若斷心根則輪迴葉萎。

༢༡ དཔེར་ན་བསྐལ་པ་སྟོང་དུ་བསགས་པའི་མུན་པ་ཡང་།།
སྒྲོན་མེ་གཅིག་གིས་མུན་པའི་ཚོགས་རྣམས་སེལ།།
དེ་བཞིན་རང་སེམས་འོད་གསལ་སྐད་ཅིག་གིས།།
བསྐལ་པར་བསགས་པའི་མ་རིག་སྡིག་སྒྲིབ་སེལ།།

21. [一燈破暗]

猶如千劫所積之黑暗，一燈即能除滅千重暗；
同理自心光明一瞬間，盡除累劫所積無明障。

༢༢ ཀྱེ་ཧོ། །བློ་ཡི་ཆོས་ཀྱིས་བློ་འདས་དོན་མི་མཐོང་།།
བྱས་པའི་ཆོས་ཀྱིས་བྱར་མེད་དོན་མི་རྟོགས། །
བློ་འདས་བྱར་མེད་དོན་དེ་ཐོབ་འདོད་ན། །
རང་སེམས་རྩ་བ་ཆོད་ལ་རིག་པ་གཅེར་བུར་ཞོག །
རྟོག་པ་དྲི་མའི་ཆུ་དེ་དྭངས་སུ་ཆུག

22.［澄清念流］

嗟乎！以心之法不見超越心之義，
以所作法不悟無作之意義，
若欲求得離心無作之意義，請斷自心根本住赤裸覺性，
能令念頭染垢之水成清澈。

༢༣ སྣང་བ་དགག་སྒྲུབ་མི་བྱེད་རང་སར་ཞོག །སྤང་བླང་མེད་པར་སྣང་སྲིད་ཕྱག་རྒྱ་ཆེ། །
ཀུན་གཞི་སྐྱེ་བ་མེད་པས་བག་ཆགས་སྒྲིབ་གཡོག་སངས། །
སྙེམས་བྱེད་རྩིས་གདབ་མི་བྱ་སྐྱེ་མེད་སྙིང་པོར་ཞོག །
སྣང་བ་རབ་སྣང་བློ་ཡི་ཆོས་རྣམས་ཟད་དུ་ཆུད། །

23.［顯有大手印］

所顯不作破立安住於原處，無捨無取顯有即是大手印，
無生賴耶所起習氣障醒覺，不作迷惑計算住無生心髓，
所顯自顯能令心之諸法盡。

༢༤ མུ་མཐའ་ཡོངས་གྲོལ་ལྟ་བའི་རྒྱལ་པོ་མཆོག །
མུ་མེད་གཏིང་ཡངས་སྒོམ་པའི་རྒྱལ་པོ་མཆོག །
མཐའ་ཆོད་ཕྱོགས་བྲལ་སྤྱོད་པའི་རྒྱལ་པོ་མཆོག །
རེ་མེད་རང་གནས་འབྲས་བུ་མཆོག་ཡིན་ནོ། །

24.［殊勝見修行果］

邊際皆解殊勝見地王，廣底無際殊勝觀修王，
斷邊離方殊勝行持王，無期住本即是殊勝果。

༢༥ ལས་ནི་དང་པོ་གཅོང་རོང་ཆུ་དང་འདྲ། །

བར་དུ་ཆུ་བོ་གངྒཱ་དལ་ཞིང་གཡོ། །ཐ་མ་ཆུ་ནམས་མ་བུ་འཕྲད་པ་འདྲ། །

25. [初中後]

初機猶如懸崖下流水，中則恆河之水緩而動，
最末諸水猶如母子會。

༢༦ བློ་དམན་སྐྱེ་བོ་དང་ལ་མི་གནས་ན། །

རླུང་གི་གནད་བཟུང་རིག་པ་གཙུད་ལ་བོར། །

ལྟ་སྟངས་སེམས་འཛིན་ཡན་ལག་དུ་མ་ཡིས། །རིག་པ་དང་ལ་མི་གནས་བར་དུ་གཙུན། །

26. [持氣住覺性]

劣慧凡夫如不住此境，閉氣關鍵而抉擇覺性，
觀姿執心以此多分枝，未住覺性狀態間收束。

༢༧ ལས་ཀྱི་ཕྱག་རྒྱ་བརྟེན་ན་བདེ་སྟོང་ཡེ་ཤེས་འཆར། །

ཐབས་དང་ཤེས་རབ་བྱིན་རླབས་སྙོམས་པར་འཇུག །

དལ་བར་དབབ་ཅིང་བཀྱིལ་བཟློག་དྲང་བ་དང་། །

གནས་སུ་བསྐྱལ་ལ་ལུས་ལ་ཁྱབ་པར་དགྲམ། །

དེ་ལ་ཆགས་ཞེན་མེད་ན་བདེ་སྟོང་ཡེ་ཤེས་འཆར། །

27. [業印]

如依業印現樂空本智，加持方便勝慧平等住，
緩緩下流游繞引返回，持續安住鋪展遍全身，

於彼無貪現樂空本智。

༢༨ ཚེ་རིང་སྐྲ་དཀར་མེད་ཅིང་ཟླ་ལྟར་རྒྱས་པར་འགྱུར།།
བཀྲག་མདངས་གསལ་ལ་སྟོབས་ཀྱང་སེང་གེ་འདྲ། །
ཐུན་མོང་དངོས་གྲུབ་མྱུར་ཐོབ་མཆོག་ལ་གཞོལ་བར་འགྱུར། །
ཕྱག་རྒྱ་ཆེན་པོ་གནད་ཀྱི་མན་ངག་འདི། །འགྲོ་བ་སྐལ་ལྡན་སྙིང་ལ་གནས་པར་ཤོག །

28. [祈願]

無有白髮長壽如月增，潤澤明亮力亦如獅子，
速得共成就而向殊勝，
大印關鍵要點此口訣，願能住於有緣眾生心。

ཕྱག་རྒྱ་ཆེན་པོ་གྲུབ་པའི་དཔལ་ཏཻ་ལོ་པ་ཆེན་པོའི་ཞལ་སྔ་ནས་མཛད་པ་ཁ་ཆེའི་པཎྜི་ཏ་མཁས་ལ་གྲུབ་པའི་ནཱ་རོ་པས་དཀའ་བ་བཅུ་གཉིས་མཛད་པའི་རྗེས་ལ་ཆུ་བོ་གངྒཱའི་འགྲམ་དུ་ཏཻ་ལོ་པས་གསུང་པ་ཕྱག་རྒྱ་ཆེན་པོ་རྡོ་རྗེའི་ཚིག་ཀྲང་ཉི་ཤུ་རྩ་དགུ་པ་རྫོགས་སོ།།

ནཱ་རོ་པ་ཆེན་པོའི་ཞལ་སྔ་ནས་དང་།།བོད་ཀྱི་ལོ་ཙཱ་བ་ཆེན་པོ་སྒྲ་སྒྱུར་གྱི་རྒྱལ་པོ་མར་པ་ཆོས་ཀྱི་བློ་གྲོས་ཀྱིས།།བྱང་ཕུལླ་ཧ་རིར་བསྒྱུར་ཅིང་ཞུས་ཏེ་གཏན་ལ་ཕབ་པ་རྫོགས་སོ།ཨིཐི།།དགེའོ།།

འདི་ནི་དཔལ་ཏཻ་ལོ་པའི་ཕྱག་རྒྱ་ཆེན་པོ་གངྒཱ་མ་ཞེས་སྒྲུབ་བརྒྱུད་འཛིན་པ་མཐའ་དག་ལ་ཡོངས་སུ་གྲགས་ཤིང་།།སྔ་རབས་པ་རྣམས་ཀྱིས་བརྗོད་པའི་ས་བཅད་འགྲེལ་པ་ཁིད་ཡིག་སོགས་མང་དུ་སྣང་ངོ་།།།།

大手印成就具德帝洛巴親口宣說，迦濕彌羅班智達那洛巴經歷十二大苦行後，於恆河畔，由帝洛巴傳授此《大手印二十九偈金剛頌》❷。由那洛巴

編注❷：根本頌只有二十八頌，但後記記述為二十九頌，茲依藏文加以保留。

親口宣說，西藏大譯師翻譯之王馬爾巴確吉羅卓於北方普拉哈里，翻譯校對確定圓滿。善哉。

以上是具德帝洛巴的《恆河大手印》，對於維持實修傳承者而言，極為著名，也有許多過去修行者所作的科判注解與引導文。

釋論

——導言——

從放下的那一刻起

心的指引

一切都在這真如的法性上。

大手印的本質是什麼？

大手印的整個教法分成三段：前言、正文還有結語。在進入正行，解說原典本文段落之前❸，我們先就大手印的本質是什麼，做一些解說。

大手印的本質是什麼什麼？如果就大手印做個分類，大手印可以分成共通的、不共的、特別的三種類型。

1. 共通的大手印

就共通的類型部分，包含了「基、道、果」在內。佛陀在一切的佛經跟密續裡面，都曾經做過很多這方面的開示。譬如，《無盡意菩薩經》裡面，佛陀曾經開示說：「無盡意菩薩❹，一切的萬法，都是完全解脫的手印所封印的，它是無二而且完全解脫的。」

編注❸：這篇導言是法王在第二天上課之前，先就第一天的講解所做的補充說明。在此之前，還有學員提問請教法王，其問答內容，請參看本書最後的附錄。

編注❹：無盡意菩薩的梵名 Aksayamatir bodhisattva，又作無盡慧菩薩、無量意菩薩。賢劫十六尊之一。此菩薩因觀一切事象之因緣果報皆為無盡，而發心上求無盡之諸佛功德，下度無盡之眾生，故稱無盡意菩薩。資料來源佛光大辭典P5133。

其次，又談到一切萬法就像天空的中間一樣，沒有各別，一切萬法都是平等性的手印所封印。另外在《彌勒菩薩趨入經》裡面，佛又開示說：「善男子一切萬法都是空性的手印。」在這經典裡面開示了各種手印。在《虛空藏菩薩經》裡面，又談到了十種手印，這是共通的部分。另外在《文殊根本續》裡面曾經開示過，我們修法時，手中結手印，也用「手印」這個名稱，於是就用手印這個名稱作為命名了。

還有，在《現證菩提續》裡面也曾經開示過，就本尊的外型來講，也跟它取大手印這個名稱有關連，所以，就名言上來講，我們可以說，本尊形象稱為大手印。在上續部裡面也談到，手印又有好幾個名稱，譬如說誓願的手印、誓言的手印、法的手印，還有大手印，就有四種這種名言了。

總而言之，一切的佛經跟密續裡面其實就談到，一切眾生的內心裡面，都有一個如來藏存在，這個如來藏是本來而且是已經就存在的，這是內心的自性的光明，是屬於基礎的實相。所以，講到「基」（基礎）的大手印，就是指依一切眾生內心基本的實相來討論的基礎的大手印。

這個是屬於基礎的大手印，基本的段落。另外還有「道」的大手印，「道」的大手印就是要想辦法慢慢從基礎的大手印如來藏，成長增廣。那要怎麼做呢？所以就開示了離戲論、空性。空性的部分還有各別、各別的空性項目，或者說一切萬法無諦實，或者說無我平等性、雙運等等，這些都稱之為「道」（道路）的大手印。

其次是「果」階段的大手印。「果」的大手印，譬如說果的四身、佛的五智等等，或者說佛的一切智，菩提的道理，成就菩提的道理等等，有開示過很多了，這些談到的都是果位的大手印。所有基、道、果的大手印都列入共通的部分。

2. 不共的大手印

什麼是不共的大手印？內容是什麼？我們經常談到的具勝萬相的空性，它們是不會改變的，大樂一味，一個味道，那就稱之為大手印。有如此的主張，具勝萬相的空性加上不變大樂，兩個合在一起就稱之為大手印。

或者大手印把它稱之為不變大樂——永恆而且不會改變的大樂，這個也稱之為大手印。在這裡，永恆大樂是指不需要依賴於業手印、本智手印等等，然後產生的覺受、產生的本智，這個是指俱生自性的大樂，自然而然地就產生了，這個在《成就七部》裡面，曾經開示過，在大手印的教典裡面也做過很多廣大的開示。

總而言之，在續部裡面跟大成就們教言的典籍裡面，都有談到一切萬法的基礎的實相。自性空分、自性俱生而生的平等性，還有不變的大樂，或者稱之為大樂、離生住滅，或者說「深寂離戲」等深奧寂靜、離開戲論的教言開示，這些都是大手印，但被列入在不共的大手印。

3. 特別的大手印

特別的大手印指的就是快速成就的法門之道，也就是疾速道、快速的道路。這在一些宗派裡面曾經談到，教法理面可能談到，也可能沒有談到，不過，總而言之指的就是快速道路。

一般來講，我們說佛陀開示的法，有八萬四千法門，非常的多，如果就八萬四千法門去依序實修、修持，去討論的話，又有所謂基礎應當要走的道路，以及基礎上應當要去轉變的修持道路。

在基礎上應該要了解的，還可以分成三種：
第一個是「斷除」的道路：這裡指的是顯教，斷除的道路當然就有所「應斷」，以及能斷的對治，這是完全分開的，用對治去斷絕應斷，這是第一種。

第二種是「轉變」的道路：這是密咒乘，將身體轉變為本尊來觀修，內心轉煩惱作為修道的助緣，這是轉變的方法。

第三種是「了悟」的道路：就是我們要講的這個大手印。有了悟的道路，就是沒有所「應斷」的「對治之道」，也沒有「應改變」及「能改變者」的「轉化之道」，那是法性本來就是無生的意義。

法身在內心裡面本來就存在了，對於這點，要產生定解，直接看到，串習它，就成佛了。這樣一個開示是離開顯教、金剛乘的一個非常快速的道路，這個非常快速的道路我們把它稱為特別的大手印。這個特別的大手印主要是《喜金剛本續》裡面所開示的，因緣條件是要有具足器皿的弟子，本身累積了廣大的福德資糧，而依止的上師則是證悟具德的上師，當這些因緣條件結合在一起，它就很容易產生定解跟證悟了。

在直貢噶舉的傳承裡，傳承中有怙主吉天頌恭仁波切已經做過的開示，在接受法教灌頂的時候，可以由此而獲得。灌頂的意思是指要得到第四灌頂，也就是在寶瓶灌頂、智慧灌頂，秘密灌頂之後的第四個灌頂，就是詞句灌頂，或者稱之為大手印的灌頂，得到這個灌頂的話，才算是正式的得到完整的大手印灌頂。

在這裡提到怙主吉天頌恭開示的意思，是對那些上上根器的人而說的。上上根器的意思並不是指此人非常聰明，而是說，這個人經過多生多世，累積了廣大的資糧，也消除罪障，是要成佛的那一個人，我們會稱他是上上根器的人。

這種上上根器的人要怎麼樣得到灌頂、得到解脫呢？他們只要拜見證悟具德的上師，就能夠立刻證悟法性；中等根器的人，拜見上師聽聞教法，也能證悟到法性；既不是上上根器的人，也不是中等根器的人，也可以透過拜見上師、聽聞佛陀所開示的教法，因著這些聽聞教法的善緣，證悟到法性。這些都是來自於弟子累積廣大的福報以及具德上師的因緣條件，彼此聚合在一起了，弟子內心馬上就可以獲得證悟。

在第三個分類當中，之所以會談到「特別的大手印」，就是指它具有上述特別的因緣條件情況，所以又稱它為加持道，也就是加持的道路。會用這樣的一個名言，事實是上師具足了證悟者條件，弟子本身也是一個具足緣分的人，此人已經決定要把這輩子的世俗之事全都徹底捨棄掉，在這種情況之下，此種具有根器的弟子，他可能也不太需要靠顯教或密咒乘的經論次第修持，他只要靠大手印的特別道路，一個就夠了，就可以當下證悟解脫。不要懷疑，真的有這種情況發生過，所以才會稱特別的大手印為「加持道」這個名字。

《喜金剛本續》裡面曾談到過，俱生本智不需要依靠其他的言說，自己原本就已經具有了，你從外面無論怎麼樣尋找都找不到，唯有依止上師以及靠自己累世的福報，對於這點，大家一定要有所了解。

所以，佛陀在佛經跟密續很多地方都曾開示過，一切萬法的實相就是真如性，那如何去證悟它？方法就記載在佛經裡面的開示。其中大手印的實修，是最究竟的一個證悟法門，是究竟證悟的一個真如性，所以佛經曾經開示過，佛的八萬四千法門一切的開示都是落在法性上面。大成就者薩惹哈也曾經談到過，不論是閱讀或所要記住的教義精華也是這一點，禪修所關注的也是這一點，所有經教論典的精華也在這一點，就是真如的法性。

第一章

與大手印的相遇

前行：聞法前的準備

以清淨的信心，我們與大手印相應。

今天要講的大手印，法本上本來寫的是《大手印》，並沒有「恆河」兩個字，意思是「大手印口訣」，不過，普遍上來說，大家還是習慣用《恆河大手印》的名稱來稱呼此一教法。

偈文名稱的由來

為什麼要加「恆河」兩個字呢？主要的原因是當年帝洛巴出生在印度東部，那洛巴出生於印度北部，帝洛巴大師傳予那洛巴大師〈大手印二十八金剛頌〉口訣時也是在印度。對於印度，大家印象最深刻的代表地標便是恆河，這篇偈文便以傳法的地點——恆河來命名。此後，這口訣便廣泛地被稱為《恆河大手印》了。

偈文名稱的意義

接下來，我以藏文解說口訣。今天所要講解的是《恆河大手印》的注解，這個注解分成三個總綱，分別是前言、正行跟結語。

首先第一個是前言，前言裡面又分成兩項：名稱的意義以及譯者的禮讚文。

印度語：瑪哈木札烏巴喋夏
藏語：洽嘉千波以冕阿
華語：大手印口訣

第一個是名稱的意義。名稱的意義也就是根本頌內文開始的最上面那一行字「瑪哈木札烏巴喋夏」，這是一句印度語，是佛陀住世的時代的語言，當時佛陀開示教導的時候，用的語言是梵語。這篇文章在梵語裡面要怎麼念呢？就是念「瑪哈木扎烏巴喋夏」，「瑪哈」是「大」的意思，「木扎」就是「手印」的意思，後面的「烏巴喋夏」則是「口訣」的意思。

我們經常可以在論典的前面看見印度語的名稱，原因有兩個：第一是在說明這個教法的源頭，從印度而來，所以是法源純淨；第二個是感懷譯師的貢獻，辛苦且無誤地將教法翻譯出來。所以我們會從「法源純正的純淨度」從何而來，以及「翻譯這個法的譯師」的貢獻這兩個必要性，來確定這個教法傳承的清淨。❺

編注❺：《恆河大手印：大手印二十八金剛頌》的偈文，是由帝洛巴大師傳給那洛巴大師，那洛巴大師再傳給馬爾巴大譯師，大譯師馬爾巴確吉羅卓將此頌翻譯成藏文，而有了今日共通的根本頌。此處的譯師指的即是馬爾巴。

就名稱來做解釋的話，也可以分成詞句的解釋跟意義的解釋。

詞句的解釋就是我們前面談到的字面意思——大手印的口訣。大手印的「手印」就是印章的意思，在這裡，它指的可以是「印章」或者是「一個信物」、「一個表示」的意思。舉例來說，當國王的印章蓋在公開傳閱的文件上面時，那當然是足以傳遍整個國家，通行無阻而且沒有不能周遍的地方！所以就這個教法而言，輪迴跟涅槃一切的法，沒有不被它所遍及涵蓋的，所以在這裡用印章來做比喻。

就如同蓋有國王印章的文件，必然能流遍於百姓之間的意思一樣，以這個教法而言，大手印的「大」有已經是最大的，不能超越的意思在裡面。佛陀的八萬四千法門，全部都歸納在這裡，沒有不能包括、遍及的一切法。

如果就「大手印」這個字做名詞意義上的解釋的話，岡波巴大師曾經開示過，顯有輪迴跟涅槃的一切萬法，它是不會超越無生的意義，如果能夠如此證悟的話，是非常尊貴的。

這裡的「手」，藏語中是指「尊貴」的意思，是一個尊敬語，表示這是很尊貴的意思。或者譯為「大尊印」，「尊」這個字，是指顯有的一切萬法，不能超過無生的意義，如果能夠證悟的話，就是非常尊貴的意思。

其實就一切萬法本來的意義，它是明空無別的，沒有任何一法能再超越它了，這個「印」，印章的「印」字，指的就是「沒有任何者能夠超越它」，也就是輪涅一切萬法皆為大手印所遍滿涵蓋的意思。

「就這個萬法的本來的意義，能夠次第通達的話，那就是最大的了。」這是岡波巴大師就「大手印」名詞意義所做的解釋。

如果就大手印的本質意義來解釋的話，我們可以說，它不安住在任何地方，也不參雜到任何的現象，能夠遍及一切，絲毫沒有緣取朝向❻，它自自然然地停留在那裡，安住在那裡，超越了內心，是光明本質自然。以上就是「大手印」這個名稱的意思、詞句的意義，以及詞句的解釋跟意義的解釋。

譯注❻：這裡的「緣取朝向」意思是說，當我們內心有所「緣取」時，會去注意到某一樣事物而能認知，而「朝向」則有指向特定事物的概念，或貼上特定標籤。如果是真正的成就者，他只會有「緣取」而不會有「朝向」。

譯者禮讚文

頂禮吉祥金剛空行

這是譯師對大手印的禮讚文。譯師寫下「頂禮吉祥金剛空行」的禮讚文，「金剛」是指方便大樂，「空行」是指勝慧空性。金剛空行的結合就是指樂空不二的本質，是本然俱生的樂空不二的本質。所以輪迴跟涅槃，在樂空無二之中是無二差別的，對此我來做頂禮，所以頂禮吉祥金剛空行。

第二章

聽哪！這稀有，超越一切的教法

正行：大手印口訣的教導

給像那洛巴一樣，有福德的你。

1. 大手印的見地

以虛空，比喻見地的要點

第 1 偈．[勸諭諦聽]

大手印法雖然無所示，因行苦行且於師恭敬，
能忍艱苦具慧那洛巴，如是傾注有緣爾之心：

前面談到三個總綱的第一項前言，接著是第二個總綱正文。

正文的第一個偈文意思是說，雖然大手印無法被言語或文字所表述，但是能夠忍耐艱苦而聰慧的那洛巴，因為忍受苦行，而且全心全意的恭敬對待上師空行，因此，以教法傾注於有緣者的心中。

就遠離一切戲論空性而言，它類似一個表象，你既不能指出來它是這個樣子，也無法說它不是那個樣子，換句話說，它是沒有辦法用任何文詞去詮釋或表述的。

但是那洛巴大師能夠行他人所不能忍的苦行，還經歷了十二個巨大的磨難苦行，不僅如此，在忍受諸苦時，他對上師的恭敬勝解，也絲毫都沒有改變。這樣子的一個弟子——聰明的

那洛巴啊，就表示你與我❼有非常大的緣分，所以我把這個教法傾其所有地灌注於你心中了。

第 2 偈 · [如空無所依]

猶如虛空何有相依者，同理大手印中無依境，
安住無整本然鬆坦中，若鬆束縛解脫決無疑。

第二個偈句，「猶如虛空何有相依者」，同此道理，「同理大手印中無依境，安住無整本然鬆坦中，若鬆束縛解脫決無疑。」束縛解脫輕鬆，是毫無疑問的！這裡要舉天空來做一個比喻。就天空來講，它本質為空，但是有一個自性明晰的部分（即天空是清晰明朗的），同時各種表象也不會滅掉，而且天空它遍及一切，沒有邊際。

大成就者薩惹哈，曾經以虛空與內心來做過比喻，說明可以以虛空的本性來了悟我們的自性。❽所以要證悟大手印的話，

編注❼：此處指傳口訣的帝洛巴與接受口訣指引的那洛巴。

編註❽：薩惹哈大師是印度大成就者，大約是 2400 多年前的成就者，也是噶舉傳承大手印教法的祖師。《道歌寶藏》是聖者薩惹哈以歌曲的型式唱頌出來的道歌彙集，是直指心之本質的殊勝口訣。在《道歌寶藏 · 庶民之歌》中說：「了知此心如虛空，以虛空性悟此心。」

不妨好好的去觀看天空。當你的內心絲毫沒有渙散，能在不假造作的狀態之中，自然而然安住的話，那麼就可以證悟到大手印，就如同大成就者薩惹哈所做的開示——用天空來做自心的比喻，在明空、無念中，心無散亂的來禪修。

在第2個偈句中的第二行，可以看到「安住無整本然鬆坦中」，意思是說，不用調整，它本來就是在自然的輕鬆之中，好比前面所談到的，大手印本身沒有依靠的對境，舉天空來做比喻，如果看著天空的話，實際上並沒有能看到的跟所看到的，就大手印實修而言，也沒有能修者與所要修的對象，所以安住在不做調整的本來輕鬆中，這是在不做調整本然的部分，所做的解釋。

至於什麼是本然的部分？這裡指的是從無始輪迴以來就絲毫沒有迷惑過，原來的那個樣子，可以說是「原樣、本然、自然、同樣」的意思，也就是原來的那個樣子，本來的樣子，自然地那個樣子，意思都是一樣的。所以安住在原來的那個樣子，不做任何調整、改造，在本來的狀態之中安住。這樣安住之後，自然就不會有「能依靠者、所依靠者」與「能見者、所見者」，就沒有了能、所二執。

第 3 偈 ·［如空無所見］

如看虛空中實無所見，
同理若能以心看自心，妄念悉滅證無上菩提。

第 3 個偈文第一句說到：「如看虛空中實無所見，同理若能以心看自心」，這裡的「無所見」指的是，以自己的內心看著自己的內心，實則無所見，就如同看著天空，實際上是無所見的。第二句說：「妄念悉滅證無上菩提」，意思是指，沒有各種的妄念心、念頭，自然就能得到無上菩提、證得無上菩提。

這一偈也是用天空來比喻自己的內心。就天空來講，它是離開各種因緣條件的，但是，也是因緣條件把天空給製造出來的，所以天空是無為法。無為的天空指的是無為法。

這個天空具有七個特色❾，你用刀劍去傷害它的話，它不會有傷口的存在，用刀劍去砍它的話，也不能去侵犯它。即使是大自然的天打雷劈，能把天空消滅掉嗎？不會，它也不會被破壞掉。其次，它不會有各種的染污，譬如說排放的黑煙與

譯注❾：這七個特色是：不能分割、不壞、真、堅固、穩定、一切不能阻礙、不敗。

濁氣，這些污濁會沾染到它嗎？不會，它依舊非常的明亮。

那麼天空它會不會有任何的牽引呢？會不會被打敗？也不會，因為任何外緣而來的東西都不能打敗它，所以它也不會有任何的遷移。天空會不會移往別的地方去？不會，所以它是堅固而穩定的，而且不會有來自外象的東西可以安住在那裡，根本是沒有辦法可以安住在那裡的。同時，天空也不會受到任何的阻礙，譬如像是有東西可以把天空擋住，或以物質等擋住天空，讓它過不去，沒辦法的，天空它沒有任何的阻礙。以上是以天空來做比喻，舉出天空是無為法的七個特色。

佛經裡面提到，佛陀也曾經用天空來做比喻開示過，所以這個天空的比喻，可以說明是佛陀所開示的教法。大家經常會掛在在嘴邊上說：「天空可以照亮一切！」但是我們到底從這當中看到了什麼？

就這個問題，仔細去分析的話，你會看到天空是什麼樣的自性？如何指認出來？天空本身是無為法，沒有形狀、沒有顏色，也沒有邊際，你怎麼去指定它、去認定它，把它指出來呢？沒有辦法的，所以如果了解這一點的話，佛陀所開示教法也是如此啊！所以，總而言之，取這個比喻的目的，最終要講的是，如果你以自己的心去看著自己的內心的話，就會發現，如同觀看虛空一樣，你沒有任何辦法可以去指認出來，心是這樣或是那樣的。

見雲霧，如念頭般的消融

第 4 偈 ·［如空無去住］

如虛空界雲散晨靄消，無有去處亦無有住處；
同理由心所生諸念頭，見自心故念頭大浪消。

第四個偈文說到：「如虛空界雲散晨靄消，無有去處亦無有住處；同理由心所生諸念頭，見自心故念頭大浪消。」譬如，提到天空的時候，我們知道天空中有很多的雲朵，特別是天冷的天氣都會有很多的雲霧。以霧氣來說，如果去分析一下大霧，它從什麼地方而來呢？其實，你不能指認出來它從什麼地方來，中間安住在什麼地方，你也不能指認出來，霧它到底安住在何處，當它消散掉的時候，它又是在什麼地方消散掉的呢？你不能指認出來。

念頭也有這種相類似的情況。同理，由心所生出的念頭，你見到心的念頭來來往往，一個接一個的出現，這時，你以內心去看著自己的內心，看著內心自己的本質！這時候，妄念、念頭像海浪一樣，它逐漸、逐漸地就煙消雲散，也就沒有了！

在那時候你就會看到了內心的本貌，大手印的本貌。如此證悟的話，這些念頭就自然能夠如同雲霧般地消失掉。

這一偈文的最後兩句，說的就是無有分別的無上菩提，由心所生的各種分別念頭，因為看到自己的內心的緣故，便讓念頭分別心的大浪消失不見了。在經典裡面曾經開示過，分別妄念會導致內心的搖動，假設分別心滅掉的話，本智就會現前。所以想要得到佛智，想要覺性現前的話，毫無疑問的，一定要去除妄念、分別念。究給仁波切曾開示過，在沒有分別心的上面，要正視內心，並好好地去努力。

第 5 偈．[如空離形色]

猶如虛空自性超越色與形，不為白黑等色沾染而轉變；
同理自心精華超越色與形，不為善惡黑白諸法所沾染。

第五個偈文談到：「猶如虛空自性超越色與形，不為白黑等色沾染而轉變；同理自心精華超越色與形，不為善惡黑白諸法所沾染。」之前我們一直都以天空來比喻自己的內心，譬如說，就天空來講的話，無論是白色、黑色、黃色、紅色，黑色等等，會沾染到它嗎？不會的！各種顏色都不會沾染到虛空的本質。就天空來講，它有沒有形狀呢？譬如說三角形、四方形、圓形或是直線狀的、彎彎曲曲的呢？也沒有，因為天空它超越了形狀。

同樣的道理，內心的實相也是這樣。你不能說內心的實相是什麼形狀，它是三角形或是四方形？你也不能說內心的實相是什麼顏色，白色還是紅色？你無法這麼說，因為這些都是表象。同樣的，大手印也是如此，就一個有為法的部分，任何形狀、顏色等表象都無法去沾染到它，善業或是罪業也都不能沾染到它，所以，心的本質也不受任何善惡、白黑諸法所沾染。這個關於內心本質見地的比喻，佛陀也曾經開示過。

所以，要尋找內在的佛性、心的本質，要在內心實相中去尋找。離開自己的心，就沒有了佛。要尋找佛，從內心中去尋找。

以日光，比喻自心的明空

第6偈·[如日光明]

猶如燦明日光彼精華，千劫黑暗不能為蓋障；
同理自心精華彼光明，歷劫輪迴不能為障矣。

第6個偈文說：「猶如燦明日光彼精華，千劫黑暗不能為蓋障；同理自心精華彼光明，歷劫輪迴不能為障矣。」太陽的本質是非常明亮的，所以就算處在千劫的黑暗當中，黑暗也無法遮蓋住它。同樣的道理，內心的實相本貌，也像太陽一樣，即使我們受到多生多劫的業障所遮蔽，這些多劫的罪障也不能覆蓋內心的實相，也不會影響到內心的本質。換句話說，輪迴不能為障，即使多生多劫的輪迴也不能覆蓋內心的實相。

我們的內心實相好比是一個水晶球，這顆水晶球可能暫時地掉到了爛泥巴裡，上面沾染了很多的汙垢，甚至爛泥巴已經把這顆水星球給層層包裹了起來，可是爛泥巴只是黏附在水晶球的外面而已，水晶球體本身並沒有被泥巴所浸染，所以，只要把這顆水晶球清洗乾淨，洗掉外層被泥土包覆的污垢，水晶球就會跟原來一樣的明亮、清澈，一點汙垢都沒有。

所以，即使它被爛泥巴沾到，也就只有沾到外面而已，水晶球自己本身並沒有改變。我們內心的實相，心的本質，即使是經過多生多劫的輪迴，這些輪迴的汙垢其實就像水晶球外面的爛泥巴，是不會沾染到自心本體的明性。

第 7 偈 · [如空假名]

如以空名加於虛空上，實無如是言銓於虛空；
同理雖詮自心為光明，如是名相實無安立基。

第 7 個偈文說：「如以空名加於虛空上，實無如是言銓於虛空；同理雖詮自心為光明，如是名相實無安立基。」就天空來講，我們去分析這個天空，它一望無垠，是如此的毫無邊際，雖然它具有七個法，七個特色，天空也超越了形狀，超越了顏色，超越了一切，但你無法用任何言詞來形容說：「哇，這就是天空啊！」你無法去描述，也指不出來。

雖然我們把內心實相稱之為光明，其實就光明這個字來講，它也只是一個名相，即使用光明來形容自心，光明也只是一個用來表示自心的命名而已。實際上，就內心的本貌而言，自心是沒有形狀也沒有顏色的，因為沒有形狀，沒有顏色，所以不能夠指認出來它是什麼。之所以會如此，原因是因為內心實相本身，它不是靠因緣條件而展現的，它是一個無為的法界，是屬於勝義諦的部分！

這個明而覺的本智，能夠認識到內心實相的覺性本智，是它自己知道的，所以當我們去用「光明」這個字來表述內心本質的時候，它只是名言安立而已，實際上，它是超越一切的名相。就內心的實相來講，凡夫的內心不能知道它，用名言也不能去表示它，講「光明」也只是方便安立一個名言做表示而已，實際上它超越一切因緣條件，只有覺性本智能夠知道，其他的都不能看到內心的實相。

2. 大手印的行止

就這樣，在放鬆寬坦中安住

第 8 偈 ·［身語意］

如前心之自性本來如虛空，無餘諸法無不盡攝於其中。
身之作為皆捨安閒住瑜伽，語之言詮皆無聲空如回音，
意無任何思維直觀決定法。

在下一偈中，提到了竹子，偈中則說到「心如虛空中際超越思維境，於彼原處無捨無立鬆坦住。」我們先看這一偈文是這麼說的：「如此心之自性本來如虛空，無餘諸法無不盡攝於其中。身之作為皆捨安閒住瑜伽，語之言詮皆無聲空如回音，意無任何思維直觀決定法。」在前面的偈句中，都用天空去比喻內心，前面談到天空有七個法、七個特色，但實際上，卻是不能用任何方式去表示，去指出來的一種本質，我們用天空這個名詞，只是暫時安立名相而已，實際上就算用天空這個名詞，也不能指出來天空是什麼樣子。

同樣的道理，當我們要去說明內心實相，也只是用名相去表示它，你說它是光明，那也只是用安立名相的方式去表示它而已，實際上心的本質它超越了一切，超越一切言詞的解釋！

這裡偈文的第二句說到「身之作為皆捨安閒住瑜伽，語之言詮皆無聲空如回音」，因此身之所作皆捨棄、放下，然後安靜閒暇而住，如果要去了悟超越內心的實相，如果要了悟大手印的話，恐怕要把身體的諸多活動都暫時放下，然後安住在很安靜的地方，輕鬆地做實修，把世俗的事情全部都放下，安靜的做實修，我們必須要這樣做。「身之作為皆捨安閒住瑜伽」，講的就是以上的意思。

外在環境是順緣，修大手印的順緣也比較具足。一般來講，大家想要實修大手印，但大多數的人都會遇上很多世俗的事情，各行各業都有自己的工作與生活需要去照顧，或者學校上課，有很多的課程作業等等，如果是在這麼忙碌的工作下，要獲得實修大手印的成就，可能就很困難了。因此「身之作為皆捨」在告訴我們，要把身體所忙碌的這一切都放下，依止靜處。閉關，對實修大手印是有必要的。

所以就身體而言，在深山靜處捨棄令身心忙碌的一切而做實修，同時，也不能與兄弟姊妹、家人等等太過親近或住得太靠近，加果頻繁往來的話，兄弟姊妹之間若有人生病，需要照顧，也是影響實修的。在這裡提醒我們，需要我們把忙碌於外在事務的事情都捨棄，閉關好好專心的做實修，手機當然也不能用，這是要徹底離開塵俗世務，去到一個很安靜的靜處環境來做實修的意思。

這裡談到是特別針對大手印的實修而說的，實修的環境是非常寧靜的一個處所，因此身、口、意三門都要非常的寧靜而安住在這樣的處所，所以世俗的事情、活動都要捨棄掉，包括閱讀很多的書籍，寫很多的書等等，這些都需要花費很多的時間，在實修大手印時是不能做的，在大手印的實修裡面，這些都會變成阻礙自己實修的活動，所以才會談到「身之作為皆捨」，提醒我們的身、口二門的活動都要停止，只剩下內心專一地集中在所要實修的對境上面。

這一偈的最後一句講到「意無任何思維直觀決定法」，這裡面談到的是決定法的問題，「決定」是非常肯定的意思，自己要非常明確的做一個肯定，所以，意思就是指在修大手印之前，我們可能要在內心先問自己一些問題，好好地尋找自己的內心，去做一個觀修。

就觀修勝觀[10]的部分，仁欽卻札曾經開示過，在正行沒有開始之前，應該先尋找一下內心。譬如說，居住在安靜的地方或

編注[10]：就是止觀的觀，指殊勝的觀照與洞見。

精舍做實修，分析一下自己的內心，內心它是一個怎麼樣的形狀，它是怎麼樣的顏色，它是在外面呢？還是在哪裡？它是在裡面的話，又是在哪裡？安住的話，它又安住在哪裡？在內心安住的話，它是非常靈敏的，它能夠了知，所以它一直在活動著，所以到底它在哪裡呢？既然它那麼靈敏地活動著，那它是什麼形狀、什麼顏色等等，這些問題我們都要好好問自己，找一下，尋找之後，得到一個肯定。

這句偈文談到關於決定法，也就是內心要一個決定，這個決定是要從內心所產生出來的，因為，由內心產生的決定，就一定會產生覺受的經驗，就可以很肯定地說：「就是這樣子！」一定要有這樣的覺受。

假設在實修之前沒有做到這點，沒有先尋找內心對大手印法的確定的話，就可能在禪修閉關好久之後，仍會再去尋找其他聖者、大師請求給予信心方面的指導。這個情況很可能是在實修之前，內心還沒有辦法做一個決斷、決定，也就是在正行開始前，沒有先做好尋找內心的準備動作。

如果我們在實修大手印之前，還沒有做好前面該做的部分——也就是對法的確定，那麼就很有必要先去尋找、分析內心，要從自己的內在去得到一個肯定，這是很重要的。

3. 大手印的禪修

培養禪修的好習氣

第 9 偈 · [身心皆空]

此身無有精華猶如竹節般。
心如虛空中際超越思維境，於彼原處無捨無立鬆坦住。
此心若無所寄即是大手印，於彼熟復熟習得無上菩提。

在這一偈的第二句說到，心如虛空般，超越了思維的對境，然後「於彼原處無捨無立鬆坦住」。我們安住在舒坦安然的閑靜中，很輕鬆，很寧靜地專注在所修的對境上，沒有渙散地做實修。

上一則偈文曾提到，「語之言詮皆無聲空如回音」，這裡是指「靜」的意思，也就是不要講話的意思。偉大的上師那洛巴曾經開示過，一個月的禁語，比起閉關一年的利益還更加廣大，如果是上等行者的話，一般來說，從閉關開始一直到閉關結束，這中間全部都要禁語。如果不能全程做到禁語的話，那就是在修座之後不要說話，每一個修座，修座跟護關的人不能談話，也就是說，修座時禁語是非常有必要的。

接著再回來談第9偈的第三句，「此心若無所寄即是大手印，於彼熟復熟習得無上菩提。」意思是說，我們不能指出來內心是什麼，寄託在什麼地方，也不能指出內心寄託、安住在哪裡，這是大手印。如果好好地把這一個部分做一個串習觀修的話，就會得到無上菩提。所以，假設我們能夠把心指出來，有所寄託安住，那會變成一個有為法，如果是一個有為法的話，就不會是大手印了！如果是一個有為法的觀修，有形象可描述的內心，那會變成迷惑錯亂的原因。

因此，不要去思維有為法、無為法，這些任何的思維都不是內心的實相本質，無所寄託、不能指出來的才是大手印。如果我們在這上面做串習的話，會徹底通達大手印，會得到無上菩提。

這兩個句子主要是在說明，無所指的這個內心，它是無所寄託、無所指向、無所朝向的，大手印的內心是不會朝向任何地方的，所以沒有朝向何處，這是大手印，再把這個串習起來，就會得到無上菩提。這個無所朝向的心就是大手印，而這個大手印即使你證悟它了還不夠，還要不斷地去薰習、串習，與它融合，直到證得無上菩提。

我們僅僅只是了悟、證悟到內心，還不足夠，還必須要去串習它，因為僅僅只是認識還不能稱之為證悟。要了悟這個證悟本身，就要想辦法讓我們在內心當中繼續持續這個了悟，這個持續了悟的功夫就叫做串習。串習也可以說是保任續流，認識了悟，提醒我們禪修要向水流一樣不斷，去保護這個了悟，讓它繼續下去。所以保任續流，就是串習的工作。

僅僅只是為了得到證悟，那是不夠的，所以究給仁波切曾經開示過，大手印不僅止是觀修，而是串習。因為我們一般在做禪修時，仍會去觀照、調整身口二門，但是大手印不是這樣子的，大手印是純粹內心的串習，就是自然地安住在內心的實相上面，不需要去依賴身口二門的活動。

這個安住本身的目方是什麼呢？就是要達到一個保任續流的工作，讓它繼續串習下去，如此一來就會得到無上的菩提了。所以偈文說：「於彼熟復熟」就能得到無上菩提。這就是串習的工作，是非常重要的。

短時間，多次數的禪修

要怎麼樣去串習它呢？就初次學習的新手來講，要安住在自己的內心上面來進行串習。首先，光要安住在內心上這個工作就很困難了，沒有那麼容易，因為內心本身很自然地就會妄念紛飛、胡思亂想，很多念頭一個接一個的跑出來，念頭一下子被抓著往這邊去，一下子被抓著往那邊去，沒有辦法安住在當下。在這種狀況下，要做到串習的話，關鍵就在縮短每一次禪修的時間，但增加禪修的次數，也就是說，禪修的時間是很短的，但禪修的次數則要做很多次。

就新手來講，這一座的時間雖然一分鐘、兩分鐘就結束了，可是要把這一分鐘、二分鐘的禪修做得很踏實，再結束它，所以時間是很短的，但是在次數上卻要多做幾次。藉由一次又一次短短地實修累積，然後慢慢的看看能不能去延長每一座修習的時間。總之，時間不要太長，但多做幾次，再看看能不能由原本的每一座一分鐘、兩分鐘的實修，慢慢地逐漸加長，達到一種堅固、穩定的狀態。

當每次禪修的這一、兩分鐘效果都非常好的時候，再慢慢把它延長到五分鐘（不要一次增加太長的時間），多做幾次。接著，覺得每一次用五分鐘的方式去禪修它，效果好像都不錯，再慢慢把時間延長到七分鐘、八分鐘。試試看這樣做可不可以呢？這樣逐漸、逐漸地去增加每一次禪修的時間，之後每座禪修，很自然地時間就會越來越長，用這樣串習的方式來保持住禪修的成果，這樣的每一個修座效果會非常的好。

總而言之，就串習來講，必須頭尾都掌握在自己的手中，就是從上座開始是我決定，下座開始也是我決定，如果能這樣做，串習的效果就會非常的好。假使腦袋跟耳朵都是握在妄念的手中，這樣的禪修是沒有什麼用處的，因為上座都在妄念紛飛，也在妄念紛飛中下座，在這種情況下，不管你在座上禪修多久都沒有用，因為開始與結束都握在妄念手中，這種禪修的效果並不好。

因為沒有明瞭養成串習的訣竅，所以現下有很多禪修者是只知道開始，卻不知道結束。一上座怎麼禪修他都知道，但卻不懂得如何適可而止的結束禪修。這樣的禪修者可能不知道，這樣長時間的坐下去，會變成後面的時間，多數都處在妄念紛飛的狀況下居多，這樣的禪修方法並不好。

所以，一開始應該是時間短，不要長，但是修座的次數比較多。在這一座修座很短的時間裡面，頭跟尾都掌握在自己手中，從頭到尾沒有妄念紛飛，這樣的禪修效果會非常好。這樣做實修的話，這實修是都掌握在自己的手裡面，都在我的控制裡面，這樣做的話，即使是新手本身，他的串習效果都會非常的好。

遠離貪執：直接經驗心的本質

第10偈·[宗派見]

密乘所說般若乘所說，律典經部三藏諸經典，
若以各自典籍及宗義，不能親見光明大手印。

上面我們說明了大手印的禪修方法，之後，來到這一偈要說的是，經由各種的破立，去確立大手印的概念。

偈文說到：「密乘所說般若乘所說，律典經部三藏諸經典，若以各自典籍及宗義，不能親見光明大手印。」在實修大手印的時候，譬如金剛乘（又稱密乘）的四續部裡有事部、行部、瑜伽部與無上瑜伽部，密咒乘裡面有自己的見地。⓫如果談到我的見地的時候，那當然要破要立了。我要破掉什麼，要成立什麼呢？如果要有破、有立的時候，就不能超越期望與懷疑。

在無上瑜伽部裡強調俱生的本智，樂空無別的本智，方便勝

編注⓫：佛陀為度化眾生，說了四部密續來度化四類弟子，這四續部分別是事部、行部、瑜伽部、無上瑜伽部，密乘特別指的是無上瑜伽。

慧的雙運，談到誓言尊跟本智尊，相混合融入，無二無差別，生起次第、圓滿次第的雙運等，這裡面都在觀待（相依而存）的層次，沒有超越期望跟懷疑，如果我們抱著一個期望，就沒有能超越的期望跟懷疑。

如果是「到彼岸」的乘門，就是顯宗。顯宗的教法如果是唯識宗以下的話，⓬不能超越形象的執著，都還有一些自心的執著在裡面，不能思維內心法的執著。到了中觀，空性的部分會有所偏頗的見地也很多，因此，戒律、經藏、三藏典籍裡面都有各自的教義，自己的主張。因為都各自有各自的宗義，有些還把自己個人的想法等等參雜在經典教義裡面，所以不能見到光明大手印。

總而言之，這裡在表達的就是，如果內心有一個執著存在的話，就不能見到大手印，有所期望或懷疑的生起，以及內心有一些貪念、欲求和執著的話，也不能夠見到大手印。

這個沒有執著的情況，可以用水面上的波紋來譬喻。比如說，清澈的水面上，本來是平靜沒有水紋，因為一陣風吹過來了，

譯注⓬：指有部、經部。

而出現了水的波浪、紋路，隨後，這水面上的紋路、波浪又會自然而然地消散掉，恢復平靜。水波它自己出現，自己消散掉，不會有任何的執著。

因為這樣的緣故，就實修來講，當妄念紛飛的時候，無論在任何情況下，都不要有任何執著，它自己自然就會消失掉了！譬如說，以生起次第做實修的話，這個生起次第的實修是希望能夠證悟「無我」的意義，但是如果對它產生執著的話，例如在觀想本尊時生起執著，有時生起次第會導致投生到色界的天神裡面去。

在圓滿次第方面，分有相圓滿次第、無相圓滿次第。有相圓滿次第也就是氣、脈、明點的修持，在做這個修持時如果產生了貪念、執著的話，一樣投生在天界。無相圓滿次第的話，就是沒有形象的觀修，⓭沒有形象的話就全都像天空一樣的遍滿虛空，如果修持時產生執著，將來投生在天神裡面去。無色界的空無邊處，或者是說實修無相圓滿次第——實修像一切

編注⓭：無相圓滿次第主要是指大圓滿，《時輪金剛》等續部中也有一部分。無相圓滿次第是指不借助於觀想以及修氣脈明點，而直接證悟空性的修法。摘自堪布慈誠羅珠談如何學密。

都是我的神識，都是我的心識——如果對這點產生貪著的話，將來投生在四無邊處。

假設做無相圓滿次第實修，可是內心有一個貪念執著的話，執著什麼都沒有的話，好比執著通通什麼都沒有，將來就會投生到無所有處去了。總之，顯空雙運的部分，遠離一切戲論的部分，不能參雜任何的執著、貪著存在，假設有一點點執著、貪著存在，會由此投生到天界裡面去。

撇開生起次第、圓滿次第的實修，在安止的時候，會產生一種覺受，那種無妄念的覺受，我也有過，但如果我對這個溫暖的覺受，產生一個執著貪念的話，將來還不是一樣會投生到上二界的天神裡面去了！因此，在實修之中，無論如何不能有任何的執著、耽著參雜到裡面去，應該是直接去經驗內心的本質的方式來做實修。

4. 大手印的誓言

守護誓言：安住在無有執著中

第 11 偈 ·［誓言］

生貪求故障礙見光明，妄念護戒反損誓言義，
自生自息宛如水波紋，無住無取若不離此義，
不違誓言即是暗中燈。

接著我們要講大手印的誓言。「生貪求故障礙見光明，妄念護戒反損誓言義」，這句話的話意思是說，因為起了貪執，沒有看到光明大手印，而透過概念性的思維來持守誓誡，反而毀損了誓誡。

這就是我們前面談到的，內心不能夠有任何的貪念執著、耽著存在等等，這些都不應該要有。譬如說：貪著無我的意義，要觀修無我，觀修無我的意義、無我的空性等等，倘若對這點很執著的話，六識的念頭會全部停掉，完全沒有了，然後會去安住在無妄念之中，耽著、貪念這個無我的意義，這樣就會投生到無想天去了，因為執著於沒有任何的念頭。

如果對觀修補特伽羅無我，也很執著的話，也會把六識滅掉，

沒有六識的活動，這會進入聲聞的滅盡定中。對於顯空雙運，對萬法如幻的樣子做實修，因而對這點產生一個執著、耽著的心，那麼將來豈不是投生到第四靜慮天裡面去了嗎？

對無相的意義本身，從詞句上來看，會認為說的是沒有形象，講實相、空性，又會落入對這個詞句本身的執著，那就會落入無記，障礙未見光明，形成一個阻礙、障礙。又或者只是重視這個詞句而已，認為實相空性就是平等捨，是雙運、萬法如幻，以認為是這樣的執著在做實修，即便是產生一個執著、貪著的內心在裡面的話，也是不能看到光明大手印的。

所以，這裡在強調的是，修持大手印時我們的誓言是什麼呢？是沒有執著。實修大手印的時候不要有任何的執著。這個就是大手印的誓言，要安住在沒有執著之中實修，這樣就是守護住誓言。假設實修的時候有執著產生的話，那就是誓言衰損了。

說到觀修、禪修方面的問題，就要瞭解禪修的障礙。禪修的障礙主要有兩個，一個叫作掉舉障，意思是指，當我們在做禪修的時候，內心必須要很專一的安住，不能渙散到別的地方去，如果心渙散到別的地方去了，這就是一個障礙。

如果沒有妄念紛飛，很專注地安住在內心上，但是在安住的時候變得昏昏沉沉的，這就是第二個障礙，稱作昏沉障。昏沉跟調舉，是實修的兩個障礙。所以，就實修來講，要努力把這兩個障礙排除掉，就是沒有昏沉、沒有掉舉，在這樣一個很純正的實修上去努力。

關於鬆緊適中的問題，大成就者薩惹哈曾經以線團做比喻開示⓮，搓線的人在製造線的時候，譬如在製作編織衣服用的毛線時，要把線搓好的話，就不能搓得太緊，但也不能太鬆，太鬆的話，線不能用來編織成毛衣，太緊的話，線容易扯斷，也是沒辦法用來編織衣服，所以要鬆緊適中。薩惹哈大師舉的這個比喻，講的就是我們在禪修時，我們的心要鬆緊適中。

如何避免昏沉與掉舉？

實修時要怎麼樣做到鬆緊適中呢？一般來說，禪修時會產生兩種狀況，一個是掉舉，也就是妄念紛飛的情況，主要的原因出在沒有掌握好身體的要點。身體的要點是什麼呢？以「毗

編注⓮：大成就者薩惹哈在《道歌寶藏・庶民之歌》中說：「線團所縛之心性，鬆而解脫無所疑。」

盧七支坐法」來說，當我們的身體已經可以把握住坐法的要點時，也做得非常好了，心也安住在要點之中，內心也很專注，可是有時候反而會因為花了很大的力氣，刻意專注在「毗盧七支坐法」講求的重點上，掉舉就這樣發生了。

當花很大力氣去留意「有沒有坐對」這一個問題，妄念就容易紛飛了。所以，身體的「毗盧七支坐法」一旦做好，把身的要點把握住了，端端正正坐好之後，就要讓身體、內心放輕鬆。當內心與身體都放輕鬆，不用耗費太大力氣去維持坐姿的話，就不容易有妄念紛飛的情形出現，也比較可以安住，這是一個方式。

另外一個情況就是昏沉、昏睡。就是在做禪修的時候昏睡過去了，內心昏昏暗暗的，這時候可能要加強身的重點了！這時候可能「毗盧七支坐法」要重新調整一下，比如，覺察一下自己此時的身體脊椎是不是有坐正？眼睛根門要看得清楚，耳朵聽聲音也聽得清楚，這是眼、耳、鼻、舌、身根門的部分，花一點力氣去調整身體的「毗盧七支坐法」，讓根門很有力氣，這時候就不容易有昏沉、昏暗的狀況發生。

所以，在禪修的時候，每一段落，每一段落遇到什麼樣的毛病，就在那個出問題的段落地方，拿出對治的方法，去克服它，這樣做的話，會逐漸地掌握訣竅，做到鬆緊適中。

在《無所住續》裡面有談到，本來不做調整的食物，就不用去調味它。凡夫不能夠證悟的，靠著這一個名言去瞭解的話，一切的宗義就可以得到滿足了。其實，這全部都是自己內心的法性，在《喜金剛本續》裡面有談到，持誦咒語、行苦行，做火供或修壇城，即使是壇城本身，簡單來講，實際上講的都是內心的一個形體而已。在這一偈句中的最後兩句內容，「無住無取若不離此義，不違誓言即是暗中燈。」講的要義就在這裡。

5. 修持大手印的利益

專注義理，於輪迴得解脫

第 12 偈 ·［捨貪離邊］

離諸貪求不住邊際時，典籍諸法無餘皆得見。
專注此義解脫輪迴獄，等置此義盡焚諸罪障，
說此即是聖教之明燈。

來到第 12 偈文，第一句講到「離諸貪求不住邊際時，典籍諸法無餘皆得見。」這句話的意思是要我們遠離一切的貪念、執著，不要執住在任何的邊見，如此一來，我們便能夠證得所有佛陀給予的諸法真意。

這句話的意思在提醒我們，要離開貪執，對輪迴，對涅槃，對本尊，對上師通通都不要有所執著，只要內心有一點點執著存在的話，不管如何實修都不可能離開輪迴。內心的執著，認為有好、有壞等等都是兩邊，這些種種邊見全部都不能安住，所以偈文才會說「不住邊際」。

如果能專注在意義上面的話，就能脫離輪迴的牢獄，輪迴像個牢房把我們束縛在裡面，但只要我們專注在大手印的意義

上面修持的話，就能夠脫離輪迴的這個牢房，所以說：「專注此義解脫輪迴獄」，要專注在大手印的意義上面來修持。

「等置此義盡焚諸罪障」如果能夠專注在大手印的義理上面的話，那麼就能夠把一切罪業蓋障全部燒掉、焚毀，包括焚盡所有因為無明所累積的罪業蓋障在內。「說此即是聖教之明燈」，因為這種種的原因，所以我們可以說，大手印是聖教的明燈，大手印的法義就像聖教的明燈一樣，能夠照亮法教各個層面，帶我們離開輪迴，其精義可以燒掉我們無始以來一切的罪障，所以說此法如同聖教的明燈。

6. 不修持大手印的過患

無止盡的痛苦

第 13 偈 ·［悲哉愚夫］

不解此義凡夫愚者眾，唯是常溺輪迴大河中，
痛苦凶殘愚夫實可悲！

第 14 偈 ·［加持入心］

欲離猛苦需依善巧師，加持入心自心即解脫。

這兩句偈文主要在告訴我們，若不修持大手印，所產生的過患會是什麼。

第一句「不解此義凡夫愚者眾，唯是常溺輪迴大河中」，是在說，對於那些世俗之人、對大手印的義理不能夠了解，也沒有勝解之心，甚至也沒有興趣，不會熱衷去追求的愚昧之人，他們只會不斷地掉入在輪迴的大河裡面，不斷的被大河的輪迴之水沖走。「痛苦凶殘愚夫始可悲」，這樣的人他們會遇到非常強烈的痛苦，而如此難忍的痛苦，令他們終其一生是非常可憐、可悲的，對於這一點，我們要生起強烈的可悲之心。

接著，在第 14 偈說到：「欲離猛苦需依善巧師」，當受到這麼難以忍受的痛苦，想要從難忍之苦中脫離出來的話，我們就必須要依止上師、智者。當一位有智慧的具德上師其加持進入到我們的心中時，因著依止具德的上師以及自己累積的資糧、消除罪障，並好好去努力的話，「加持入心自心即解脫」，意思是上師的加持就會進入心中，就可以得到加持而獲得解脫了。

7. 修持大手印的方法

把握見修行果的重點

第 15 偈 ·［見修行果］

嗟乎輪迴世法無義痛苦因，世法無精華故看有義精華：
若離一切能所即是見地王，若無散亂放逸即是觀修王，
若能無有勤力即是行持王，若能無期無疑果位即現前。

這段偈文在教導我們，如何透過見地、觀修、行持與對證悟的理解，修持大手印。

此偈的前兩句「嗟乎輪迴世法無義痛苦因，世法無精華故看有義精華」，這個「嗟呼」是句子一開始時的一種感嘆詞，此句子在告訴我們，即使我們用各種方法，去做各種的善業，無論所做的善業有多麼地廣大，多麼的多，假設沒有用智慧的辦法去分辨、攝持的話，那麼就算做再多的善業，也不能脫離輪迴。不能脫離輪迴的話，當然沉淪在輪迴的內心就是痛苦的了！

所以，在這樣的情況下，輪迴當中所做的這些事情並沒有任何意義，只是痛苦的根源罷了，那麼，我們就必須要仰賴有

義精華，專注在有意義的修持上去攝持它。所以，《四天女請問大瑜伽續》裡面曾經開示過，大能者釋迦牟尼所開示的八萬四千法門，如果對這些內容不了解的話，那一切也變成沒有成果。那麼這句話的意思是說，萬法的自性其實是真如空性，沒有做實修就一定沒有機會可以悟得空性，所以鼓勵我們要好好實修，見到真如空性。

其次後面談到「若離一切能所即是見地王，若無散亂放逸即是觀修王，若能無有勤力即是行持王，若能無期無疑果位即現前。」這個地方談到的是大手印的見地、觀修、行持跟果位。

這一個能夠超越一切對主體（能）與客體的執著，就是一切（所）思維見地中的見地王。大手印中依次談到了見地、觀修、行持跟果位，前面正行的一開始，我們曾談過大手印的見地，這裡是另一個見地的段落，兩個要把它區分開來。後面還有一段也是談到見地的部分，但我們要將前後的這兩個見地區分開來。

為什麼要區分開來呢？前面偈文一開始我們用虛空比喻自心的方式來談到見地的部分，現在以及後面，我們又再一次的談到見地的部分，這兩者之間有什麼差別？這一點很重要，我們應該要好好去重視它。

現在我們來到這一部分所談到的，是如何去修持的主題。如果就大手印的意義來討論的話，這是屬於實修階段的一種應用，我們透過對大手印的見地跟觀修有所瞭解，並如法行持，便能產生殊勝的見地果位。認定的標準在哪裡呢？就大手印的行持來講的話，外在所取的對境，內在能執的心識，這全部都超越了，換句話說，完全超越了能所二元的執著。

偈句中說：「若離一切能所即是見地王」，意思是說，你如果能超越了主體與客體的這一切執著，如果能證悟的話，這就是見地之王。「若無散亂放逸即是觀修王」，除此之外，心要能夠安住在意義上面禪修，完全沒有渙散，也沒有丟失它，同時還能去保任住它的話，這就是觀修之王。「若能無有勤力即是行持王」這一句的意思是指，如果我們能在見地、觀修這兩個項目上，不去造作任何行為或花很大的力氣去有所作為，超越了一切的力氣的話，就稱之為行持的大國王。

這一個偈文裡，前面三句分別談到了見地、觀修、行持這三項實修時我們要把握住的要點，最後一句則說到：「若能無期無疑果位即現前」，意思是說，如果我們沒有一個希求於要有什麼樣的成就，或擔心憂慮無法有成就的心的話，就會現前證得果位。

換句話說，在修持大手印時，如果你期望因為修持它，就能夠現前變得多麼的好，希求我們就可以有所成就，有一個期望之心的話，或者，擔心這個修持會不會修得不夠好，會不會一不小心就掉入惡道裡去了？有這個懷疑恐懼之心的話，就已經離開了超越能所二元的心了。就見、修、行、果的「果」來講，沒有這樣一個期望、沒有這樣一個懷疑，這個就是果位，徹底現前的果位之王。

究竟的基、道、果

第 16 偈．[熟習無修境]

離所緣境心之自性明，無晉升道而登佛道端，
熟習無修境得無上覺。

在第 16 偈，偈文接著說到基、道、果的說明。佛道的開端，如果沒有透過不斷地串習去維持、保任它的話，就沒有辦法證得無上的菩提。

就實修大手印這部分來討論的話，並沒有所緣取的對境，「離所緣境心之自性明」，這句子裡面談到的是，心的本質它超

越了所有概念思維所要緣取的對境，因此之故，譬如說觀想本尊，還有持誦咒語等等，這些有一個形象可以緣取、理解的對境，心是完全超越的，有的只是內心的自性光明。

「無晉升道而登佛道端」，在大手印的實修之路上，其實是沒有道途可遵循的，我們只要去安住在內心的實相光明上面就好，如此，就已經進入成佛之道的開端了。通常我們會以為，在內心的自性光明上，得迫使自己去做點什麼關鍵要點，然後它就會成為一種特別的修道之路，譬如從小乘、大乘、五道、十地等，但事實上，這樣一個特別的修道之路並不存在，我們以為這條佛道要逐漸往上提升，要越修越高級、高階、進步。

但究竟上來說，「道」並不是這樣解說的，連這種概念化的理論也沒有的。因此沒有特別要去專注其上而修持的，也沒有針對某一點要去特別做觀修的，因為「道」是自心本貌，我們只要在它的原樣上面好好的安住，串習它，就會得到無上菩提。

在這裡，法本此偈文倒數的最後一句，原本譯為「無串習境得無上菩提」，其實這是原典文本上的錯誤，「無串習境」要改成「無修境」，沒有觀修的對境。「熟習無修境得無上覺」，這句話的意思是指，在沒有觀修的對境的情況之下，去串習它的話，就會得到無上的菩提。所以，如果這樣子解釋的話，前面原本句子所譯的「無串習境」就錯誤了，應該改過來是「無修境」。

大手印的法本，其版本很多，光是大學裡面所保存的各個印版合起來看，大概超過十個版本以上，所以每一句都詳細地做了校對，之後發現這個句子應該是「無修境」，這是根據口訣寶藏裡面的核對，這個部分，成就者給滇順豐仁波切曾經開示過，觀修與串習這兩句是有差別的。

觀修一定是身口二門的活動，就是你要在身口二門上花一些力氣去做一個觀想、有一個形象，但究竟真義並不是這個樣子。而是要在內心的本貌上面，自然地安住，放輕鬆的在內心自然的本貌上面安住，之後，再在這個上面來做串習就可以了。這是大手印的觀修。

所以，不是身口二門有很多形象的活動，或者觀想一個有形象的部分，不是這樣的，在這一偈，這裡不是要去觀修，而是要去串習。平常我們常會講「我們要經常做觀修、要觀修啊！」但為什麼這裡卻要我們不用做觀修了呢？它也不是這個意思。「熟習無修境得無上覺」」這句話的意思是指，我們做禪修的時候，其實是無有可觀修的對境，我們必須要熟悉於這種無有觀修境的禪修，自然可證得無上菩提。

當然，在禪修時，有些地方我們仍然要做好，譬如說，「毗盧七支坐法」身體的關鍵要點，安住在內心上面不要有渙散，讓自己提氣不渙散，這就是正念，你要靠正念來讓自己在無分別念上去努力，如果心沒有離開掉，能夠專注，那就是正念的力量。要做到不渙散，當然需要有一個所緣的依靠處，就像是修安止的時候也許有一個物品拿來當作你的依靠處，或者是把心專注在呼吸上面，呼吸就是所緣依靠處。

一切都來自有力量的正念之心

心沒有離開所緣依靠處，然後能夠去保任它，之後沒有渙散到別的地方去，這要靠正念的力量。禪修時，這樣做就可以了，並不是說要很複雜，很多的活動，身口二門花很大的力氣，或很多戲論、複雜的活動等等，不需要這樣。吉天頌恭也開示過，三世諸佛的大道，就是持續不斷的正念，如果不依賴這點的話，身口二門的大力氣是沒有用處的。就實修來講，正念本身非常重要，我們要像長江大河一樣，持續不斷地維持著我們的正念。

同樣的，大手印的禪修當然也要持續不斷的以正念來好好安住在上面。除此之外，譬如說身口二門很多的活動，身體很多的活動，口中念誦很多咒語等等，並不是重點所在，而是要靠著正念來持續不斷，在這所緣上面，內心不渙散的，持續不斷地靠著正念安住著，這樣就可以了。

什麼叫內心不渙散？有時候，我們在做實修時，內心雖然有個所緣的對境，可是因為內心胡思亂想，心就跑掉了，這稱之為渙散。什麼力量可以讓我的內心不會跑到別的地方去，可以一直在所緣的對境上面？靠的是正念，所以正念就非常重要了。

除了以正念來讓我們的心不渙散之外，還要靠什麼來維持住它呢？還要靠覺察，靠分析去覺察、偵查它，正念就會經常的存在，就不會渙散掉了。

怙主吉天頌恭談到俱生相合時，曾舉了一個例子，譬如說河邊有一隻抓魚的鳥（例如老鷹），牠們一直蹲在在河畔邊看著，而且是非常專注地看著河面，看有沒有魚蝦等生物浮出水面來，如果有生物浮上來，牠們一看到，馬上就把牠抓住，因為，假如沒有注意看著河面上的動靜的話，魚一旦浮了上來，因為沒看到，魚就跑掉了，食物也溜走，抓不到了。所以鳥很聚精會神地看水面上的動靜而抓取食物，心是非常靈敏地在做偵查的動作。

假設我們的內心也能夠如此靈敏地去偵查一切動靜的話，正念就會經常的存在，正念經常的存在，就會維繫在所緣的對境上，這個心就不會渙散掉，所以這個時候就不會有任何的妄念，不會有任何的妄念端賴於個人覺察的力量。前面我們也談到譬如初學者在實修時，養成對證悟之心的串習、保任的力量非常重要，要好好的練習，慢慢串習久了，它就會有力量了。

所以，一開始的初學者，要好好去練習正念，串習它。如果運用正念專注在對境上，而且正念已經做得很好的話，這個正念它就有威力了，這會是個有力量的正念，非常的好！如果是一個有力量的正念，這個有力量的正念會寂靜調伏。

在《入菩薩行論》裡面，寂天菩薩曾經開示過，沒有寂靜調伏，很多的禁戒行又有什麼用處。做實修的話，寂靜調伏也很重要的，特別是大手印的實修講求內心的寧靜調伏，當然是更加重要了。

內心如何調伏？主要就是靠正念的力量。依靠正念，正念就一定會有力量，所以如果好好修持正念，正念一定就會發揮出來，正念如果發揮出來的話，當然它也不斷地在覺察自己的內心，所以內心沒有渙散掉，當然它就會寂靜調伏。這裡每一個環節都是息息相關的。假設內心沒有調伏，你就算在內心產生很多的境界也沒有用。一個沒有被調伏的心，是無有作用的。

遠離散亂，安住自性

第 17 偈 ·［世法無常］

嗟乎善能明瞭世間法，不能恆常如夢亦如幻，
夢境幻相實際即非有，故生憂心棄捨世俗事。

第 18 偈 ·［山林獨修］

斷盡輪迴貪嗔相關事，獨自寺院林中精舍修。

第 19 偈 ·［安住無修］

盼請住於無所觀修中，若得無得即得大手印。

在這偈文裡，教導我們如何認清這世間萬物沒有恆常的道理，要生起厭離之心，摒除俗務，到安靜的地方做觀修。

「嗟乎善能明瞭世間法，不能恆常如夢亦如幻，夢境幻相實際即非有，故生憂心棄捨世俗事。斷盡輪迴貪嗔相關事，獨自寺院林中精舍修。盼請住於無所觀修中，若得無得即得大手印。」如果得到沒有得到，就是得到大手印了，這個句子裡面所說的是於此世法妥善了知、明瞭，最初的「於此世法善明瞭」版本應該是錯誤的。應該是「善能明瞭世間法」，或者說「明瞭世間法」也可以，意思是你要好好去看一看世俗的法，為什麼要好好去看一看世俗的法呢？因為世俗的法都如夢似幻，它不是恆常的，它如夢似幻般，沒有真實而存在。

所以這幾個句子的解釋是說，世間俗世的這些法，好好去看一看它，你會看到它是無常的，就像一個幻相，佛經裡面有如幻八喻⓯——幻相的八種比喻，就像那個樣子顯現出來。所以像夢境一樣的，像幻相一樣的這種比喻，在說明什麼呢？說明它實際上要講的是本質性空的法，在法界，在空性之中它沒有自性成立的這一點。

編注⓯：如幻八喻，指的是藏傳版《金剛經》中，一切現象，如夢、幻、泡、影、星、翳、露、電等八喻。

前面的句子說，「於此世法善明瞭」改成「善能明瞭世間法」，這幾個字本身應是版本上的錯誤。談到這個版本，根據那唐氏，即西藏的一個那唐氏的圖書館出的版本對照就發現，刻版是錯誤的，這裡大家把它改一下。

這裡所談到的意思是說，看一看世間的法，它就像夢境一樣的。這裡要講的都是一些萬法的本質，自性不能夠成立，在法界之中是沒有的。

在《寶積經》裡面談到，因為內心分別心、妄念的緣故，製造出整個世間，還有很多的執著，如世俗愚夫等做了很多這樣的分類，實際上，根本沒有這些所執著的對境、能執著的內心，因為一個因，它是一個幻象，只是內心的分別心把它想成是這個樣子，像陽焰（海市蜃樓），像幻相。

此偈的意思是指我們的內心都有一個分別的念頭，所以就會執著出顛倒的、輪迴的萬法，實際我們所執著的這輪迴的萬法，這些萬法都是無常的，因此要對此產生厭惡之心，離開家鄉或者親朋好友的環境，摒除掉這些，遠離開它，因為這些都是令我們產生貪嗔的地方。

然後自己一個人到寂靜荒涼的深山之中，好好地在那裡做禪修，一直禪修到已修得了無所修，這樣子的來做實修，然後要在無所修之中安住而修。在此，帝洛巴大師曾經開示過，這一個處所之王，一個精舍之中，身體的屍陀林裡面，安住在內心平穩的意義上面來做實修。

內心平穩的意思是指沒有所取的對境，也沒有能執的內心，這些全部都要斷除掉，就像大手印的意義而言就是無所得，如果能確定這點的話，那就成就大手印了。

第 20 偈 ‧ [根斷葉萎]

猶如大樹幹碩枝繁葉豐茂，斬一樹根則令十萬樹枝萎，
同理若斷心根則輪迴葉萎。

其次是「猶如大樹幹碩枝繁葉豐茂，斬一樹根則令十萬樹枝萎，同理若斷心根則輪迴葉萎。」在這裡的意思是指，例如一棵很大的大樹，它的樹枝、葉子、花朵也非常多，可是，如果我們把它的樹根斬斷的話，大樹上面的樹枝不管有成千或上萬，葉子、花朵也將同時全部都枯乾掉。

這是一個比喻，以大樹比喻我們的妄念、無明，只要把這個無明斬斷，輪迴的根本就斬斷了。我們內心貪、嗔、癡等等的妄念非常的多，問題是它有一個根本，這個根本就是無明。

無明就像大樹的根本一樣，是輪迴一切的痛苦。假如我們能夠從這個根本下手，去斬斷它的話，那所顯現的這一切對境、能執的內心，這些分別妄念就全部都毫無痕跡地洗掉了。

8. 如法修持後的覺受

第 21 偈 ·［一燈破暗］

猶如千劫所積之黑暗，一燈即能除滅千重暗；
同理自心光明一瞬間，盡除累劫所積無明障。

接下來我們要談到禪修大手印對自心本質所產生的覺受。

這句偈文的意思是指，只要一盞光明的燈炬，便能除卻千劫以來的黑暗；我們自心本質剎那的智慧明光，就如同千劫黑暗中出現的那盞燈炬，只要我們能認出自心的本質，即刻便能去除我們無始輪迴以來的無明與罪障。

因為從無始輪迴以來，我們已經在千劫之久的輪迴中不斷地流轉再流轉，我們內心的本質就像是長時間處在千劫、多劫的黑暗中，被無明及罪障遮蔽住了，沒有被認出來。但只要我們點亮一盞明燈的話，光明立現，黑暗頓除，不管它曾存在多久。

一樣的道理，「同理自心光明一瞬間，盡除累劫所積無明障。」我們從無始輪迴以來到現在，都是在無明的黑暗之中，累積了很多的惡業與罪障，但是自己內心的本性光明一直都是存在的，這個部分如果證悟的話，例如證悟內心本性光明大手印，那麼當光明產生的那一剎那，這麼多劫所累積的罪業蓋障，全部都可以在剎那間淨除。

在事續部裡面也談到過：「盡除累劫所積無明障」，像水晶一樣清淨的內心，它本身沒有所謂的過失跟功德，但是當它遇到各種對境的時候，貪、嗔、癡三有輪迴的痛苦形成，但是內心本身像水晶球一樣，是完全純淨沒有任何汙垢的。

讓心做自己，就足夠了

第 22 偈・[澄清念流]

嗟乎！
以心之法不見超越心之義，
以所作法不悟無作之意義，
若欲求得離心無作之意義，
請斷自心根本住赤裸覺性，
能令念頭染垢之水成清澈。

「嗟呼」這個句子，一個感嘆詞，感嘆詞意思應該是「是啊！是啊！」「是這個樣子，是這個樣子。」的解釋。有時候因為它是一個感嘆詞，有人會把它解釋成「哎呀！哎呀！」那是往壞的方面解釋，我們要往好的方面解釋，把它解釋成「是啊！對啊！」。「以心之法不見超越心之義」的意義，這裡的「超越心」指的是大手印本身，因為大手印超越了概念之心，它是屬於勝義諦的範圍，是勝義諦的法性，覺性的部分，有時候把它稱之為「無垢覺性」——沒有污垢的覺性。特別是怙主吉天頌恭曾開示過此句，指的就是沒有汙垢的覺性，無垢覺性。

總而言之，這句話在講的是大手印就是勝義諦，就是沒有垢染的覺性，這個本智，以分別心是無法去看到它的，分別之心仍有污垢、有戲論，分別念之心是屬於輪迴的法，所以當然不能夠看到離開輪迴的法，超越輪迴的法以及超越輪迴的意義，也沒有辦法瞭解超越表象的、勝義諦的、超越思維境的意義，那些無法瞭解或經驗到非概念性的事物的這個心，它是不能看到的，因為有分別的心本身是屬於輪迴的法。

其次說到：「以所作法不悟無作之意義」，經由造作出來的東西，是無法讓你瞭解到無造作的證悟狀態。這裡的「無作之意義」是大手印的證悟，大手印本身不用任何的造作，這個「作」是指身口二門的活動。就大手印來講，它是無作的。為什麼無作呢？大手印是寂靜的法界，在寂靜的法界之中安住，沒有作什麼活動。那個「作」，有著身口二門辛苦勞累的很多活動。然而，身口這些活動也是為了累積福德資糧用的，可是，大手印是屬於智慧資糧的部分，所以，你用身口二門去做很多勞累的活動，當然不能證悟無作的意義——對自心本質的證悟。

因此，如果想要得到離心的意義，無作的意義，大手印的意義，那麼就要把概念性的思維念頭斷除掉，安住在內心上面，好好的做觀修。總而言之，大手印是離開一切的形象，離開一切的表象，所以它是無作、無為的，用內心去了知，用身口二門勞力的作為，也不能夠證悟它。《般若經》的頌文裡有一句「離言思詮勝慧到彼岸」。

因此之故，「若欲求得離心無作之意義，請斷自心根本住赤裸覺性。」如果說，要證悟超越內心而且無作的法——大手印的意義，應該怎麼做呢？就是必須要超越這些有為的、花力氣造作的、用言語去解釋它的這些對境。一旦超越這些對境之後，就能明察己心，在內心裡面純粹的去看著自己的內心，不再去管外在的對境或這些有為法的理論是什麼，就是去超越概念的思維，看著自己的內心就好——那個沒有被垢染、赤裸裸無有遮掩的覺性。要這樣安住在赤裸裸的覺性上面，不參雜任何的妄念時，那就是無有造作的本質——赤裸的覺性。這句偈頌文在說的是這個意思。

「能令念頭染垢之水成清澈」，這裡所談到的是用混濁的水與清澈來做比喻。混濁的水如何使它清澈呢？我們要使混濁的水變得清澈，需要花很大的力氣嗎？不用吧！將濁水放著不要去動它，它自然就清澈了。

同樣的道理，要讓念頭澄淨下來，如同混濁之水中的泥沙自然沉澱，我們所要做的，就只是在自己的覺性上面安住就好了，讓它們以原來的面貌如實地呈現，當它出現的時候，不要特別針對它去做什麼，譬如覺得有念頭生起來了，就認為這樣不好、不對或認為它有過失，得要努力去把念頭消滅掉；或者說，在安住時的感受很好，就企求著要特別去達成它。消滅也要花力氣，達成也要花力氣，這些都是沒有意義的，不需要這麼去做。

第 23 偈 · [顯有大手印]

所顯不作破立安住於原處，
無捨無取顯有即是大手印，
無生賴耶所起習氣障醒覺，
不作迷惑計算住無生心髓，
所顯自顯能令心之諸法盡。

所以，用混濁的水做比喻，混濁的水我們要使它清澈，放著就好了，不要管它。因此之故，「所顯不作破立安住於原處」，不必去企圖阻礙或造作顯現，只要讓內心本智以它原來的樣貌如實地呈現，安住在上面，持續的保任就可以了。

續部裡面說：在覺性裡面出現對境的時候，不用特別去打擊它，譬如說水銀掉到地上一樣，內心本身能執跟所取的部分，這些都只是妄念而已。這裡拿水銀來作譬喻的意思是指，水銀本身是密度很高的液態金屬，內聚力很強，因為密度很大，會自然地匯聚在一起，所以水銀掉落在地上滾動的時候，它不會像水一樣散開來或沾染到任何的灰塵泥土，而是一小滴或一大坨凝聚的方式存在著。

所以，「無捨無取顯有即是大手印」，如果對外在顯相沒有執取或捨棄的這種心，那麼一切都會以大手印的狀態而解脫。在這裡提醒我們，假設沒有應斷，沒有所取，安住在內心本貌上面做禪修的話，就是在大手印之中得到解脫。

今天我們談到大手印，一般來講，大手印、大圓滿、般若波羅蜜多，還有禪定，這一切，實際上就實修的意義來講是一樣的，只不過是禪修的方法不太一樣而已。如果我們從字面上來做解釋的話，修禪宗，禪定，「禪」這個字，左邊是表示的「示」，右邊是單獨的「單」，所以是表示單獨的意思，是唯一，唯一就是無二，也就是噶舉傳承祖師帕摩竹巴所開示的：無二即是大手印。所以，所要修的部分只有唯一無二，因此大手印跟禪宗其實是沒有差別的。

就大圓滿的意義來講，它已包括佛陀所開示的經教跟密續在裡面，絲毫沒有遺漏，所以稱為「圓滿」，大圓滿的意思。這個意思跟大手印沒有差別，是同樣的意思，但是，就禪修來講，也有這麼一個說法認為，大圓滿是以覺性為主要，但噶舉派談到，內心跟覺性是不能夠區分開來的。如果我們仔細去分析的話，內心跟覺性的差別，其實指的是在禪修的時候，有沒有參雜到執著，如果參雜到執著，那就是分別心，如果沒有參雜到執著，那就是覺性。

所以，頂果欽哲法王也這樣開示：在實修的時候，如果內心參雜到執著，那是分別心，如果沒有執著，那就是覺性。就薩迦派來講，薩迦派的精華是輪涅無別——輪迴跟涅槃是沒有差別的。這裡面所談到的，主要是就詞句上的意義作說明，佛陀在佛經裡面曾經開示過，輪迴即是涅槃，不是無二。

就輪迴的自性來講，即是涅槃，所以從輪迴跟涅槃的自性來講是一樣的，就萬法的自性而言，輪迴跟涅槃是無二差別的，所以不是二者的意思。薩迦派所重視的教法精華，就是輪涅無別，也是相同的意義。其次是格魯派，格魯派用「大中觀」這個名字，或者是用「甘丹大手印」這個名詞。格魯派至尊仁波切宗喀巴大師，他的大手印教法，是從直貢敬安仁波切那裡得到，流傳下來，所以用了「甘丹大手印」這個名詞。

這就表示，實際上各個宗派在修持的道路上有各自的特色，在修道上所要禪修、所要教導的重點，也有自己的特點，不過對心的定義，實際上卻落在同一個意義上面，彼此沒有差別的。所以，從前面的說明就可以了解，這個意義就在心經中談到的：離言思詮勝慧到彼岸，不生未滅虛空本質性，各自覺己本智所行，這是三時勝利者之母。

心的法性：本然、自解脫、空性

接著要談到第 23 偈句中的第三行：「無生賴耶所起習氣障醒覺」，意思是說，本初清淨的萬法根基是沒有可依的堅實性，若能直接認出這個本質，所有習氣、障蔽也直接可被認出來，而不需要刻意去捨棄了。

「賴耶」是梵文，它的意思是普遍基——普遍的基礎。總之，賴耶的意思是普遍的基礎，輪迴跟涅槃的一切萬法所依靠的處所，把它稱之為普遍基。如果按照梵文翻譯，就稱之為阿賴耶，「賴耶」這個字，就是一切能夠產生的基礎，輪迴跟涅槃所包括的一切萬法的依靠處，因此阿賴耶就像是大海一樣，妄念、念頭就像風一樣，搖動它，所以輪迴的一切法就產生了，所以稱之為阿賴耶，普遍基的意思。

在《直貢覺巴吉天頌恭全集》中，怙主吉天頌恭談到「阿賴耶」這個字時提到：「就輪迴跟涅槃的覺性而言，是覺空沒有汙垢的，它是法身相合的意思。」但是，現在如果要去解釋它的話，我們可以從三個法性的特性，還有三個比喻這六項去做理解。

第一個法性：稱之為本基，本然性，或稱為基礎的本然性。

就本然的基礎來講，本然是輪迴跟涅槃一切法的來源之處，輪迴跟涅槃一切法的本性的來源之處，那就是自己的覺性。因為是它的本性之故，所以它是已經到達解脫，已經解脫了。覺性跟空性是沒有污垢的，所以它明朗、清澈，沒有遮蔽，也沒有衰損，這樣的一個力量，所以沒有參雜到好跟壞的這些念頭。所以這個是「賴耶」的情況。這是第一個。

第二個法性：就覺性本身，它是自解脫的。

如果以覺性去看著覺性，自己會看到自己，以自己看到自己，那就解脫了。換句話說，用這個覺性去看著自己內心的時候，你會看到自己，當你能夠看到自己時，那就解脫了。這是第二個特色。

第三個法性：覺性本身自空，是空性的。

譬如說，水晶球放在曼達盤的頂上，用眼睛去看的時候，這個水晶球本身並沒有任何遮蓋、覆蓋，它是明亮、清澈的，可是假設它放到綾羅綢緞的上面，這些五彩斑爛的花彩布料，也透過水晶球反映出布料本身五彩斑爛的顏色，而且，它所顯示出的那些種種的顏色，並不是水晶球本身自己的五彩斑斕，水晶球自己是沒有顏色的，也不會沾染到什麼，但卻可以顯現出五彩炫爛的色彩。

從這個比喻就可以了解這個覺性本身，心識本身，是向內，不向外的，本覺向著內在而去，然後用覺性去看著自己內心本貌的時候，清澈就出現了，那是覺性跟空性，覺空無別，而且沒有沾染到任何污垢，這樣一個赤裸裸，沒有任何覆蓋的覺性，自己的正念在這個地方安住，自空，自己是空性。

如此一來你便能夠了解，這個時候，一切的戲論自然就止息了，所以它會清澈、明朗，因為一切的戲論完全止息了，就在這個時候有沒有所謂明白不明白（即沒有無明，都明白了），這樣的分別心、差別，存在不存在？是完全不存在的，因為心識本身安住在自己的本貌上面，就在這個時候，它就解脫了。所以能者內心所取對境根本沒有這些差別與戲論，也根本都沒有參雜其間，這就是法性的本貌。

於是，這一偈的最後一句講到，「不作迷惑計算住無生心髓，所顯自顯能令心之諸法盡。」這句的白話意思是說，不因為迷惑而執著，也不要因擔心而尋思去計算是否能夠捨掉煩惱或捨不掉煩惱，安住在無生的精華本質當中，讓顯相自己如實的呈現，容許所顯，則自心一切都窮盡了。

談到這兩個句子，怙主吉天頌恭的著作全集裡面有談到，這兩個偈頌文是在解釋「根本定」與「後得位」雙運的一個解釋，這個解釋裡面就有談到由根本定出定到後得，然後根本定的時候，安住在後得的心識之中，以及後得位進入根本定的安住，這個是就法跟比喻來講。

前面我們說過，法的特性有三個，比喻有三個，法的特性剛剛已經說過了，這裡則是以比喻來作釋義。譬如，第一個是河流跟大海的差別。一般來講，河流最終會流到大海裡面去，不論是各地哪一條河流，它們都是回歸到大海，但是河流的水又是從哪裡來的呢？當然是從大海而來，由大海去形成這些河流的。這就表示，根本定與後得位是彼此互相幫忙，彼此互相形成對方的，這是第一個比喻。

第二個比喻講的是大海跟波浪的關係。大海跟波浪的關係就是，如果沒有風所吹動的情況之下的大海，那個就是根本定。如果有外緣刺激的話，譬如有風產生的話，大海就有了波濤，甚至變成波濤洶湧，這個就是指由根本定進入後得位的了知。但是假設風停止了，沒有了，這個波浪不是又沒入到大海裡面去了嗎？浪濤就安住在大海裡，平穩了。所以這個時候所取對境能執內心這些思維、有為法、妄念，完全都沒有了。這個時候，又從後得位進入了根本定。

因此，大海跟海浪是無二差別的。同樣的道理，根本定與後得位也是無二差別的，所以就自己的正念本身，心裡的信念本身自已為空，方便跟勝慧二者無二差別，對於根本定與後得位雙運的實修，就可以更為了解，這是第二個比喻。

第三個比喻是山谷的流水，會因形勢不同而出現不同的情景。你可以去觀察高山中的流水狀態，當山谷狹窄的時候，水流衝擊就很強烈；可是如果山卻很寬廣的話，水流它就顯得很緩慢，有這樣的差別情況出現。一樣的道理，根本定與後得位雖然高高低低，有各種各類的覺受會出現，可是不管河流流得快，流得慢，它都是河流，所以根本定與後得位的高高低低覺受雖然不一樣，但是都是心性的本質，這點是無二差別的。

所以如果根本定做得好的話，在後得的心識上面，萬法如幻的法性，一定會出現。有些禪修者上座的時候修得還不錯，可是下座後得位的時候，貪念、嗔恨也會出現，這就是下座做得不好了。上座如果是好的話，下座變成惡劣，那如何有證悟的可能呢！所以上座的時候，如果是安住得非常好的話，下座的時候，法性是一樣要出現的。譬如說一棵樹，它是一棵非常好的藥用的樹，但所長的葉子、樹枝部分卻變成有毒性的植物，那怎麼可能呢！

大手印的見修行果

第 24 偈·[殊勝見修行果]

邊際皆解殊勝見地王，廣底無際殊勝觀修王，
無作住己殊勝行持王，無期住本即是殊勝果。

在根本頌第 24 偈文開始，再重申了一次大手印的見、修、行、果。這裡面談到「邊際皆解殊勝見地王，廣底無際殊勝觀修王」，這句的白話文意思是說，當見地通達，能從所有概念邊見中解脫出來，這是「見地之王」，有著深切廣大的觀

修體驗，這是「禪修之王」。

在這裡的「邊際皆解脫」，是指「從一切邊際解脫的話，這就是最殊勝的見地」，這裡談到見地的部分。有人說，馬爾巴大師認為：在佛陀果位的時候，沒有自己心續所攝的本智；也有人說，本智是持續不中斷的——這都落在邊際，都是顛倒的見解，邊見的執著。

在「基」的實相上來講，當安住在基礎的實相上的時候，「有、沒有」、「真的、假的」、「常的、斷的」，以及「常邊、斷邊」、「根本定與後得位」等等這些邊見，這些偏頗全部都超越掉了，超越了這一切，根本不會再去做這樣一個作意的思維，這些都沒有了！到這個境界的時候，那才真的是「見地之王」。

而對於這裡所談到的「殊勝見地之王」這一點，怙主吉天頌恭也曾開示，三大都不要沾染到，邊邊也不要沾染到，這才是最為殊勝的。「三大」在這裡指的是大中觀、大圓滿，還有大手印，或者我們說的禪宗。如果對這「三大」還存有一個「它是殊勝見地」的這種執著，那它就不是「見地之王」了。

譬如說，對於我修持的是大手印，大手印的見解是最殊勝的，心裡有這種傲慢的執著；或者認為我修的是大圓滿，大圓滿的見地才是最殊勝的；我是禪宗，禪宗的見地是最殊勝的等等，內心裡面有這樣的想法，這就是一種執著，如果你參雜到一個執著，那就是沒有達到邊際解脫，邊際解脫如果沒有達到，就不能當見地之王。

其次是下一句的「無作住己殊勝行持王」，原本法本這裡譯的是「斷邊離方」，我們這個版本有一點不太一樣，我們將「斷邊離方」稍微改一下為「無作住己」，沒有作為，不刻意去造做些什麼事情，安住在自心本智上，做到這樣的無作住己，這個就是行持之王。

無作安住在自己，就是行持之王，這是什麼意思呢？首先，如果他是上等根器者的話，那他是頓悟法性，頓時他就證悟法性了，這個情況他就是在萬法平等性裡面，得到了大自在解脫，自然就解脫了，這個時候是徹底證悟這個法性，安住在平等性之中。

在這種情況之下，那些在修道之路上需要花很大的力氣去做的作為也就沒有了，不需要了，因為這些利益自他眾生的事情，不用花力氣去做，自然也就達成。這就是大自成，大的自然達成，在大自成之中不用做什麼，自然的安住，這個就是行持之王，最殊勝的行持之王。

最後一句的「無期住本即是殊勝果」講的是殊勝的果位。當我們能夠在沒有希求當中住本然而解脫，這是最為殊勝的果位。無期住本的「本」是自己，無期住本是殊勝之果，就大手印的果位來講，「果」的大手印是去證悟，去發現到我所證悟的對象、證悟者自己和證悟這件事，都是完全超越分別的概念之心的，所以，沒有一個進步者的我、進步的道路，還有進步這樣的一個活動，所以這個是最殊勝的道路。

換句話說，沒有得道這個事情，沒有能得道的人與所得之道的內容，所得、能得跟得到，全部都超越了，因此就離開了希望、期望跟懷疑。

有人可能會這麼認為，覺得這個果位的大手印，好像是很好、很高級，或者另外需要特別去得到的一種成果，其實並不是這個意思的。

那麼，果位的大手印指的又是什麼意思呢？大手印的基、道、果，其意思是指，在基的階段，大手印本身是超越概念之心的；在道的階段的大手印，是指內心不作意；在果位的大手印，則是指完全超脫有沒有斷除、存不存在、有沒有得到等等的成果之求，已看見原本就存在於自身的本質、內心的覺性，因為心的本質它原本就是清淨的，本來就沒有迷惑，所以，本然的法性當然超越分別心的思維。

所謂的究竟的果，就只是給它取了一個名字而已，因為沒有去期望什麼，只要安住在自性本質上，這「果」就已經得到了，這個「果」才是殊勝的果。

禪定會經歷的三個階段

第 25 偈 · [初中後]
初機有如懸崖下流水，
中則恆河之水緩而動，
最末諸水有如母子會。

其次，在第 25 偈說到「初機有如懸崖下流水」，假設他是一個初學者的話，當安住在禪定裡面做實修的時候，內心本身的妄念如果是很粗暴的，妄念紛飛很嚴重的話，那個時候的禪修體驗就會像是穿越過懸崖的瀑布流水一樣，這個時候妄念的力量很強烈。

倘若能好好地在禪定本身做串習，之後這個串習的力量就會逐漸出現，這時候，妄念本身會越來越少，就好像是恆河一樣，所以「中則恆河之水緩而動」，就像在平原上面的恆河之水，它是慢慢地緩慢流動著，這時候，內心的念頭比較少了，安住的力量很強烈，雖然還是會有念頭，但是也很少了。

最後則會像是「最末諸水有如母子會」，最後禪修本身串習的力量很強烈，已經到達徹底的話，好像所有的河流全部流到大海裡面去，在大海入口處的時候，所有的水全部混合在一起，已經無二差別了。這裡的「母子會」指各個河流的水，最終都是流到大海的海底，全部混合在一起，已經無二差別。所以這個時候內心的妄念，全部消融在覺性的本貌上，已經全部混合在一起成為唯一，只有這個覺性，毫無分別。

這裡所談到的是禪修時，我們的心會出現的三個階段，達波札西南嘉⓰也曾經開示過，就是粗分的安止，一開始的安止，也就是初級的安止，初級的禪定是指一心專一的安住。這個時候能夠安住，但是還有許多的妄念出現，一點點的住分，

編注⓰：達波札西南嘉 (1511-1587) 是第八世噶瑪巴米覺多傑的上師之一，曾任薩迦派那瀾陀寺住持，之後在岡波巴大師的達波寺擔任過主持，精通薩迦、噶舉兩派教法。其知名的著作為「光明三要」——《月光大手印》、《日光喜金剛釋論》、《寶光密咒總義》。引用自《明現本來性》作者簡介。

但還有許多的妄念，如同瀑布的水，這是初級的時候；到了中級的時候，妄念都止息了，都平穩止息了，所以像平緩的水，中間是平原的流動，這個時候就算是有粗分的念頭出現，也不能造成傷害，就是安住，但是有粗分的妄念出現這是中間的階段。

到最後的階段，粗分的妄念都不再出現了，就算有粗分的妄念出現，它也不會造成傷害，完全沒有影響，這個時候是母子相會的時候，這是安止究竟的時候，可是這個都還是安止，就定，還沒到大手印的本質。但是因為它是實修，是一個觀修，所以也要非常的重視。

我們禪修的時候要先修止觀，這個是非常重要的，在這方面當然有些修行方法上的不同，但就修行經驗來說，要先把止觀的基礎打好，沒有打好止觀基礎的話，就不能真正修好大手印。

要修好大手印，一定要先修止觀，這是非常重要的。以修行經驗來說，止觀基礎沒打好的話，就不能真正的把大手印修好。

中國禪宗大家很熟悉，第一位祖師是達摩。達摩的老師般若多羅，從印度到中國廣州，第一次來不懂國語，就沒有傳到法。傳說這位般若多羅老是穿著一雙拖鞋，後人挖墳墓的時候發現，墳墓裡面，沒有身體只剩下一雙拖鞋。這是般若多羅，達摩的老師的故事。

禪宗從釋迦摩尼佛起，到達摩祖師 是第 28 代；如果加上他的老師般若多羅，則算是第 29 代；而從達摩祖師傳到了中土第六代分成南傳和北傳，北傳是神秀大師，神秀大師的修持以止觀為主，主要根據的法本是《楞伽經》；而南傳的慧能大師以後的修持主要是根據《金剛經》，修頓悟法門，沒有很好的止觀根基，而止觀基礎不紮實的話，就不可能有很好的斷門⑰。

西藏以前是廣傳禪宗的，大家可以從歷史上的一些著作去找到蛛絲馬跡，歷史裡面也寫得很清楚，是在赤松德贊王的時候把真正把佛法帶進西藏來的。

禪宗為什麼可以在西藏奠定的原因，因為那時候禪宗的頓悟傳承已是很很普遍了，甚至桑耶寺跟大昭寺平時前去參拜的

編注⑰：也就是頓時斬斷，立斷的意思。

人很多，但很少看到供養品。禪宗認為，若以供養的方式求解脫，是不可能真正修得佛性的，也不可能真正達到我們身口意的修行，只有打坐才能夠達到這個目的。

所以赤松德贊王在20歲的時候，看到他的父親曾寫了一個文件，在這文件上說到：「桑耶寺跟大昭寺的供養品不允許停止。」赤松德贊王看到，覺得不對，他們就這樣開始重建了體制。

總之，禪宗所談的，以前在西藏就很廣泛，直到現在我看到這個影響還是很大的，在藏地，一些年紀大的人，可以看到他們把平時念頌的課本，用布綁在腰部，裡面的也有是藏文的《金剛經》，但他們只知道這是一本經書，但都不知道意思，因為經文裡是用四句古文寫出來的。2014年我到美國紐約，那裡有一位40多歲的西藏居民，布施了一個印經，就是《金剛經》。所以，西藏從上到下，一直到現在，禪宗還在廣泛的流傳。

回到所講的止觀，先修止觀是很重要的，當這個基礎打好的話，修正行就比較容易順利完整。

9. 克服禪修障礙的方法

第 26 偈 · [持氣住覺性]

劣慧凡夫如不住此境，
閉氣關鍵而抉擇覺性，
觀姿執心以此多分枝，
未住覺性狀態間收束。

如果是一般資質的人，他的領悟程度比較不好，沒有辦法安住在本然的內心覺性，安住在心的本質，那麼，這時候就可以藉著呼吸，用數息的方式來專注，修寶瓶氣，或者可以努力去做讓心跟氣能自然安住的方法，例如瑜伽等等，藉由透過身體姿勢的方式，作為專注呼吸的輔助。

還有心的部分，如何維持內心安住的方式也很多，這都要努力去做，例如偈文裡面談到修安止的方法、修勝觀的方法等等，都有助於我們的禪修。

在「如何安住在心的本然覺性方面」，有身的要點怎麼做、內心專注的方式怎麼做、行住坐臥怎麼做，有很多方法。用這些方法去實際修持，慢慢的，自己的心會感受到穩定、圓滿，慢慢降伏了。

談到如何把心安住在自心本性上面，這方面的方法很多，也可以去努力運用。在其中談到持氣的要點，包括談到持氣、閉氣的方法等等。續部裡面說到「嗡啊吽金剛頌」禪修：吸氣時觀想「嗡」，持住氣時禪修「啊」，呼氣時觀想「吽」，這種方法也有助於禪修。或者專注在鼻尖上面來做數息，邊呼吸，邊數 1、2、3…到 10，不斷重複數息來收攝內心。或者禪修時去觀身體的要點，例如「毗盧七支坐法」等等，這也可以有助於禪修。

總之，先把這個「念頭紛飛」的心，跟「覺性」的心區分開來，分出清濁，然後逐漸、逐漸的才能夠收心。或者只要去覺察鼻子上面有呼吸的出入息就好了，不要去數它的呼吸次數，也是一種方法。或者是你也可以不要特別去觀注氣呼出去、吸進來的過程，只要在鼻尖上面有感覺在呼吸就可以了。之後逐漸、逐漸的它就會平穩緩和，內心就會很寧靜。這時候假設產生昏沉掉舉，也不要陷落在昏沉掉舉中，稍微調整一下坐姿，這樣來做實修。

總之，當覺察到自己的念頭已妄念紛飛，那就休息一下。當我們用任何方式都無法讓紛飛的念頭回到當下時，那就下座，休息一下吧！這也是一種克服禪修障礙的方法。

講到修持「寶瓶氣」的方式，持寶瓶氣的呼吸訣竅在於吸氣時，要將所持之氣由上向下壓，同時也要提氣、提肛，將下面的氣往上面提。上下一壓，像一個瓶子一樣的把氣持住，所以稱為寶瓶氣。不過，就初學者來講，提肛這部分可能先不要做，在沒有具格上師口傳的情況下去做的話，會產生許多毛病。但是在閉氣、氣往下壓的這部分可以去做練習。

一般來講，如果是正式要做禪修的話，準備的坐墊應該是後高、前低。坐墊本身後面要比較高，前面比較低，這樣的話，長時間坐起來會覺得比較平穩。上座之後，先皈依發心，之後觀想本尊，前面虛空觀想上師，對上師誠懇地祈請，祈請上師加持我，這個才是修得好，能夠證悟大手印。這些準備都算是前行，但都很重要。

哎呀，這一坐，到哪裡了？

在正式禪修的時候，昏沉掉舉等等這些毛病出現的時候，也有其他方法可以做調整。覺察到昏沉的時候，可以去觀想一下眉心這個地方，有一個白色明點，一心專注在眉心明點上的話，就能夠遠離昏沉。

但是有時候內心總是妄念紛飛、胡思亂想得很嚴重，這時候，可以往下觀想，在肚臍下方三、四個手指寬度的位置，有個黑色明點，專注在那個明點上的話，心會沉穩下來，妄念紛飛的情況就可以排除掉了。

一般在禪修時，視線大多數都是放在鼻尖位置，我們平常做觀修時，可以將視線不高不低的落在鼻尖的位置上。內心要專注在什麼地方觀想呢？一般來講，是專注在所緣境還有內心。假使所緣境放的比較高的話，氣就會往上面跑，氣往上面竄湧的話，就會產生頭痛的毛病。一般來講，所緣對境往下面放，大概在頸部這個位置比較好。

至於心跟氣，要重視自然的平穩安住。這裡談到很多心可能出現的方式，譬如昏沉、很嚴重的沉睡，沒有辦法安坐等等，那就起來，下坐活動筋骨，四處走動一下。或者是靠近窗戶、門口吹吹風，讓流動的清涼空氣喚醒昏沉。或者用冷水潑一下自己的鼻沿，調整室內溫度等等，這些方法很多。

如果是要長時間實修的話，一旦有點異樣的時候，也不一定要待在室內上坐修，禪修的方法其實很多的，或者可以去到比較高的地方，待在空氣清爽的地方做實修會更好。

在很多地方其實就可以做實修的，可以應用的方法也不少。

有時候去到寂靜的深山，四周非常的安靜，也可以就這個對境來做實修。有時候到了人多、吵雜的地方，也可以藉由人來人往、車水馬龍的吵鬧環境作為外緣禪修。

換句話說，實修方法有很多，並不是單獨只有一個在深山做禪修的方式。有時候到市場去，街上人多來往、車水馬龍的地方，一樣都可以做禪修。譬如就安止來講，你要到公司去或要到某一個地方去，走在路上的時候，一心專注、不渙散地往目的地走去，到達目的地之後，又到另一個地方，也是維持內心一心專注，在每一個當下行動時，絲毫沒有渙散，這就是修安止。方法有很多，都可以用。

特別是現在的社會，人的內心搖動得很厲害。西藏的實修方式大部分都是靜態的實修方式，所緣的都是比較細分的觀修方式。譬如說修安止的話，放一個木頭、木片在前面，木頭不動，自己也觀身不動。好好的安坐，專注在這個對境上，眼、口、身都沒有動，這種觀修的方式都是細分寧靜的觀修法。

小乘在禪修方面也有很多很好用的方法。我們看小乘觀修方式，很多都是在動作之中進行的。譬如「動中禪」——觀照自己的腳，腳提的時候、腳停的時候還有腳放下的時候，三個階段，心必須不渙散。這是所緣對境在活動的狀態下的觀修，是比較粗分、動態的所緣對境。

還有另一個方式，是專注在肚臍這個地方，氣吸進來的時候它是活動的，然後安住；氣呼出去的時候，它也在活動著，也是安住。用這樣的一個觀照方式來安住我們的心，看起來是比較動態的觀修方式。

西方的觀修方式，是比較靜態的，但方式可能有點不一樣。但是現在社會的人心搖動得比較嚴重，修動態的所緣境好像效果比較大，修靜態的觀修方式好像比較不能延續。所以偈文中說到「觀姿執心以此多分枝」，意思是說，透過調整姿勢、持心等多種支分技巧來守護我們的心，其實是有很多方式可以交互運用的。

10. 解脫道的大手印果

第 27 偈·[業印]

如依業印現樂空本智，
加持方便勝慧平等住，
緩緩下流游繞引返回，
持續安住鋪展遍全身，
於彼無貪現樂空本智。

這個地方所要談到的內容是依解脫道而說的。到這個地方為止，「如依業印現樂空本智」之前所談的部分，稱為「上門解脫口訣」。「如依業印現樂空本智」以下談到的是無上密咒乘「下門大樂道」的口訣。這些內容如果要解釋的話，大概分兩項，要把它區分清楚。一個叫做「自己加持的次第」，一個叫做「壇城門次第」，這兩個要把它區分清楚。

「自己加持的次第」，就是閉關專修「那洛六法」，譬如三年大手印閉關專門修「那洛六法」，修拙火（原意為：烈母火），這是屬於出家眾的禪修方式，不是在家眾的實修方式。「壇城門次第」則是指在家眾的禪修方式，是依止明妃來做實修。這兩種修持方法要分開來，區分清楚。兩種情況不一樣，如果搞不清楚，有時候會誤解，所以需要解釋一下。

第一個是「自己加持的次第」，是指要依止內心所觀想出來的明妃，這是在勝樂金剛、喜金剛無上續部裡面，圓滿次第禪修時所會談到的，這是稱為「有相的圓滿次第」，在「那洛六法」裡，拙火實修裡面有提到，是出家眾的實修方式。

如果是「壇城門次第」，就要依他身大樂道，依止既得的明妃，這是在家眾的實修方式，有灌頂實修方式。兩個方式完全不一樣，要區分開來，區分清楚。但是講到「壇城門次第」要依止這些明妃實修的方式，即使對在家人來講，要講解也是很困難的。

從初地、二地直到十地，進入到解脫的時候，有一個實修的方式，以下做一個說明：

前面所說到的依於業明妃的方式實修的話，產生四喜，這是四喜實修的方式，到這個心續裡面「樂空不二」的本智出現的一種實修方式。依於已身而做的實修，「依於自己身體」，就是明分的部分，明分就是佛父；而「依於他者身體」，就是指佛母，空分就是佛母，就是「勝慧空分」部分。這兩個合在一起而做實修，就是明空不二的修持。這要離三輪，就是遠離「能修、所修、所修之事」這三者，也就是安住在沒有這三種執著之中而做實修。

「緩緩下流游繞引返回」，讓明點本身降下來的段落，能夠旋繞的段落，用各種氣功來讓它引導向上。「持續安住鋪展遍全身」，讓它鋪展在關鍵，即身體的關節地方來做。「於彼無貪現樂空本智」，這樣的實修方式，實修的時候，不能有貪戀執著之心存在。假使沒有貪戀之心的話，修行就會出現樂空本智。但是假使產生貪戀，就會墮入三惡道之中，所以這種實修方式是屬於十地菩薩的修持。十地菩薩已斷障證真，到完全解脫的時候，就做這樣的實修，是非常的困難。

第 28 偈 · [利益功德]

無有白髮長壽如月增，
潤澤明亮力亦如獅子，
速得共成就而向殊勝。

如果是「下門安樂道」做實修的話，談到它的利益功德：這輩子身體壽命長，身體的明點增長、增廣，不會有白髮；臉像月亮一樣，神采燦爛，不會有衰老的樣子；身體也很有力量，好像獅子一樣；然後他很快就會得到共通成就，還有殊勝成就。這裡所說的共通成就，指的是例如飛行術、隱身等等世間神通，最後他慢慢也會得到無上殊勝成就、證得大手印。

這裡要補充說明之前曾談到的加持道，《喜金剛本續》偈頌說到：「非他體性，常時依止上師」，雖然證悟心性之道是「依自」而不「依他」，要直接從自己的心下手去證得心的實相；然而得到上師加持以及自己的福德資糧圓滿，卻能幫助我們證悟大手印，就是證得內心的俱生本智。

「常時依止上師」的意思，不是說我對上師做承事、做供養，經常跟在上師旁邊或一輩子，不是這個意思。「常時依止上師」的真義是，當依止後，聽聞教法，而去做實修。「看上師就是佛本身，上師就是佛的法身」，得到這個了解，不僅了解而且產生堅固不移的定解，安住在這定解之中，這就是「常時」。再也沒有比這個更加殊勝的佛可以得到的，所以才稱之為「常時」。

如果能做到「見上師就是佛本身，視上師就是佛的法身，而且產生定解」，那麼，當然可以從上師那裡得到加持。加上自己不斷的累積資糧、消除罪障，會證得大手印。

那麼，「見到上師如同見到佛的法身」這點，對它產生定解的時間是什麼時候呢？自己沒有到達法身階段，不能見到上師法身；自己沒有得到報身，不會見到上師報身。如果自己沒有到達這些程度，說看到上師法身，只是口中說說而已，實際並沒有這個能力看到的。這些都有互相緣起關係存在，如果這樣做，才有證悟大手印的能力。

第三章

祈願

結語：迴向與發願

最終，掌握一切苦樂的，是我們的心！

願君修行利眾生

第 28 偈 ·［祈願］

大印關鍵要點此口訣，
願能住於有緣眾生心。

最後是結語。在前面第一章時有了前言，第二章的正行，談到了大手印的見地、行止、禪修、誓言、利益、不修持的過患，以及修持大手印的方法，禪修對自心本質的利益與不同根器者在禪修時的技巧、修持大手印的方法等等，最後也闡述了修持大手印的殊勝成果。

在〈大手印二十八金剛頌〉的最後，帝洛巴大師以「大印關鍵要點此口訣，願能住於有緣眾生心。」為結語，祈願一切眾生都能具足福德，在此生中有機緣能修持這大手印的精要口訣；也祈願修持大手印口訣精要的人，能在心中安住並憶持此一要訣。

後記

大手印成就具德帝洛巴親口宣說，迦濕彌羅班智達那洛巴經歷十二大苦行後，於恆河畔，由帝洛巴傳授此〈大手印二十九偈金剛頌〉⑱。由那洛巴親口宣說，西藏大譯師翻譯之王馬爾巴確吉羅卓於北方普拉哈里，翻譯校對達確定圓滿。善哉。

以上是具德帝洛巴的《恆河大手印》，對於維持修持傳承者而言，極為著名，也有許多過去修行者所作的科判注解與引導文。

這個大手印教法是實修的法門，實修，也是大手印教法的關鍵訣竅。《恆河大手印》的教法，是具德的帝洛巴大師在恆河邊親口對他的弟子——大成就者那洛巴所做的開示。

出生於印度克什米爾地區的大成就者那洛巴，在依止上師、行十二項苦行，並完成第十二個苦行的那時候，帝洛巴大師知道他是個有緣者，因此帝洛巴上師就對那洛巴開示了大手印法。因為傳法之地在恆河旁邊，所以就稱之為《恆河大手印》。之後，那洛巴大師也將此口訣傳給了弟子馬爾巴上師。

這本書所釋義的就是〈大手印二十九偈金剛頌〉偈句。

編注⑱：《恆河大手印》原名〈大手印二十九偈金剛頌〉，題中的二十九首數字與本書根本頌所分的二十八頌不一樣，主要是傳統藏文偈頌是以四句為一偈，而帝洛巴大師開示共有二十九個四句偈，依意義做區分而有不同。

附錄

法王，我有幾個問題

禪修時要睜眼？還是閉眼？

外國人打坐的時候，常常不能專心，因為他們打坐的主要目的只是想放鬆而已，所以會把五官全部都關掉，什麼都不想，但我們在禪修的時候則要避免這麼做，不管你做的是有所緣、無所緣的禪修或觀察修，我們的五官要打開，但心是不動的。

我在德國的時候，曾有一位太太來找我，她說她的老師教她禪定十多年了，她可以一坐就坐很久，但她一禪坐之後，就很不容易醒過來。她很害怕自己禪坐後沒辦法醒來，所以一定要找一個人在某一個時間去叫醒她，為了「怕醒不過來」，她感到非常害怕，很苦惱。

我問她，有沒有可能是妳把所有的五官感受給關掉了呢？她點點頭。我告訴她，禪修時，不應該關閉五官的。禪修時，眼、耳、鼻、舌所感受到的，也就是平常你所感受的，它是很清楚的，不是兩樣不同的感覺。比如，你可以清楚聽到四周的聲音，你兩眼都是睜開的，但是你心不動，應該要這樣來禪修。

過幾天，這位太太打電話來表達感謝，說她自從不再閉眼禪修後，她的困擾消失了，對她幫助很大。還有一個例子發生在美國，這位女士的個性比較嚴謹，她也是在打坐時把五官全部都關閉起來，她說，她要做很深的直觀，就這樣閉關坐禪很多年了。的確是有一種參禪是把五官全部關閉起來的，我們稱作「息內定」，為的是要直觀到很深的一個程度，她一直這樣做下去，但也有可能走歪了！所以我們要避免這樣做，練習把五官打開來坐禪修，但心是不動的。

坐中禪修，心不受外境起耽著

學員問：
有一種禪修說，座中把眼睛全部都閉起來，常常馬上就能夠見到佛。請問法王是這樣嗎？

法王問：見到佛？

學員答：是的，非常流行。

法王答：

我看到佛像裡面是三時佛事，看到佛，是這個心嗎，是不是？

今天談到大手印，講的是「心的實相」的部分。佛經裡面開示說：心本身，過去佛沒看到、現在佛也沒看到、未來佛也沒看到，因為心的本質無形無相。但是如果說要見到本尊，經典上記載，要自己去做實修，觀修本尊，看見本尊示現，親見本尊。但這恐怕要分析一下，不是一切所見都非常的肯定，有時候也有一些障礙。

譬如一些禪修士，需要唸心咒祈請本尊示現，但真的是本尊示現嗎？還是假的？或許他是鬼變的也不一定。當瑜伽士唸本尊咒時，結果本尊消失，這顯然是障礙了，這是屬於障礙的類型，如果唸了本尊咒後他沒有消散掉，那可能就不是障礙了。所以要想辦法去分析觀察到底是真的嗎？假的嗎？不知道的話，就要觀察，不能不做觀察就把它當作真的，這恐怕有點危險！可能會變成一個障礙或形成危險。

岡波巴大師曾開示，一位瑜伽士在做禪修的話，在禪修的段落中，任何情況都會出現，但對任何出現的情況也都不執著，能做到這樣，沒有比這個更加殊勝的道理。因為在實修的時候各種幻境都會出現，對好的徵兆出現的時候，不要去執著說「這是非常殊勝的，了不起，很厲害，特別喜歡」等等。壞的徵兆出現的時候，也不要有擔心、難過、胡思亂想的念頭出現。無論任何徵兆的出現，全都沒有任何的執著，這就是最殊勝的，沒有比這個更加殊勝的道路。

如何知道心所安住的是實相？

學員問：

請教法王，課中提到大手印就是純粹讓心安住在原本的實相，繼續去保任它。對初學者來說，我們要在安住內心實相上面去串習，一開始可能只有一分鐘，但對初學者而言，在沒有證悟前，我們如何知道心所安住的已是實相？還是假的實相？會搞不清楚，在假的空時去抓住它，然後變實有而影響證悟。

法王答：

前面解釋大手印的時候，曾在禪修法上做過解釋。一般的禪修法，譬如說，從修安止開始，到正觀和其他的觀修等等方式，心都要能夠專一的安住，假設心不能夠安住的話，它應該要怎麼樣去做到安住，有很多對治的方法，大家可以去複習運用。

談到如何去判別自己的心是否安住在「內心實相」的問題，

那麼最好在修正行前，也就是開始進入實修「內心實相」之前，先去做尋找「心是什麼？」的功課。我們前面也談到過了，可能要到一個安靜的地方，譬如深山或精舍，在那裡去尋找一下自己的內心。尋找自己的心這件事，本身要腳踏實地的去做，從自己的內在產生一種體驗，由內在得到一個決定，這個是在修「內心實相」前可以先做到的部分。

任何念頭都可出現，但不要執著

學員問：

剛剛上課法王有提到續部有各種不同的建議，經典裡面說，如果我們產生執著的話，會障蔽到我們見到光明的本性，帝洛巴在完全證悟之前因為已經做了很多福德資糧的累積，而且沒有停止。我反過來請問，我們在修「生起次第」跟「有相圓滿次第」的時候，如何能夠不離開大手印，又如何能夠讓自己不墮入歧途？

法王答：

主要就是不耽著、不執著。修「生起次第」也好，「圓滿次第」也好，還是禪修也好，主要就是不要執著，因為執著就會產生毛病。不要執著的方法就是岡波巴大師所開示的——任何現象出現，都不要執著，就是最殊勝的道路。

譬如，實修的時候有好的徵象出現，心裡面會想：這位大師很好，我的心安住得很好，不錯哦，很高興。發覺自己不能夠安住，妄念紛飛的時候，心裡面就想著：這太糟糕了，很失望，很沮喪等等，這些分別的念頭，通通都不要有。任何念頭都可以出現，但任何念頭也不要執著，這是最殊勝的修持。譬如你在高速公路上開車，眼睛只能看前面，無法東張西望，同時看左邊，也同時看右邊會有危險。好好看著前面就好了。

第二個問題，關於「生起次第」和「圓滿次第」以及與大手印的關係。一般「生起次第」就是觀修一步、一步地生起來，先是觀想蓮花，然後月輪，然後種子字，放光，依次慢慢把壇城部分觀想完整，這個在「生起次第」裡也可以說是禪定的方法，因為思想集中在一個點上，不會散亂。這也是止觀方面「止」的禪修。

「圓滿次第」是指剛剛所觀的佛的周圍所有壇城，逐漸地融入，然後逐漸放大心間的咒輪，咒輪中間的種子字，從上而下，慢慢地圓滿、消融、融入心間了，這樣「圓滿次第」就開始進入大手印了。一切所觀都不見了，進入空性的境界，這個可以說是大手印，但「生起次第」不屬於大手印。

經典開示 (14)

赤裸直觀當下心：《恆河大手印：大手印二十八金剛頌》釋論

根本頌	帝洛巴大師
口述	那洛巴大師
梵譯藏	馬爾巴大師
釋論	第 37 任 直貢澈贊法王
藏譯中	張福成
發行人	孫春華
社長	妙融法師
總編輯	黃靖雅
責任編輯	徐世華
內頁排版	蘇麗萍
封面攝影	殷裕翔
封面設計	大象設計
行銷企劃	劉凱逢
發行印務	黃志成

台灣發行　眾生文化出版有限公司
地址：220 新北市板橋區四川路二段 16 巷 3 號 6 樓
電話：02-8967-1025　傳真：02-8967-1069
劃撥帳號：16941166　戶名：眾生文化出版有限公司
電子信箱：hy.chung.shen@gmail.com　網址：www.hwayue.org.tw

台灣總經銷　飛鴻國際行銷股份有限公司
地址：231 新北市新店區中正路 501-9 號 2 樓
電話：886-2-8218-6688　傳真：886-2-8218-6458

香港經銷點　里人文化事業有限公司
地址：香港荃灣橫龍街 78 號正好工業大廈 22 樓 A 室
電話：852-2419-2288　傳真：852-2419-1887
電子信箱：anyone@biznetvigator.com

初版一刷　2016 年 1 月
ISBN　978-986-6091-55-1（平裝）
定價　新台幣 340 元

國家圖書館出版品預行編目 (CIP) 資料

赤裸直觀當下心：《恆河大手印：大手印二十八金剛頌》釋論 / 帝洛巴大師根本頌；那洛巴大師口述；第 37 任直貢澈贊法王釋論；張福成藏譯 . -- 初版 . -- 新北市：眾生文化 ,2016.01--（經典開示；14）
128 面；17x22 公分
ISBN 978-986-6091-55-1（平裝）

1. 藏傳佛教 2. 佛教修持
226.965　　104026477